2023
윤우혁 헌법
최신판례집

윤우혁 편저

박영사

Preface

머리말

헌법은 다른 어떠한 과목보다 최신판례의 출제비중이 높은 분야이므로, 최신판례 정리는 필수라고 할 수 있다.

필자는 그동안 수험생의 부담을 고려하여 최신판례를 핸드아웃으로 제공해 왔고, 앞으로도 이 점은 변함이 없을 것이다. 그럼에도 불구하고 책으로 출간하는 이유는 불편한 핸드아웃이 아닌, 제대로 된 도서를 원하는 학생들의 지속적인 출간요청을 계속 외면할 수 없었기 때문이다.

이에 본서를 출간하게 되었고, 작업을 함에 있어 가장 역점을 둔 부분은 다음과 같다.

첫째, 기존 핸드아웃의 판례들을 「미니헌법」 목차에 맞추어 깔끔하게 정리하였다.
둘째, 2022년 8월 31일까지의 최신판례 및 중요 기출지문 등을 수록하여 내용을 더욱 보완하였다.
셋째, 최신 판례지문 OX와 헌법조문 등의 부록으로써 단순한 판례집이 아닌 문제집로서의 기능을 더하였다.

본서를 기다렸을 많은 학생들을 위하여 최선을 다하였음을 밝힌다. 또한 앞서 언급하였듯이 핸드아웃은 계속 제공될 예정이므로, 학생들은 원하는 대로 선택하기를 바란다.

무엇보다 중요한 것은 빠르게 합격해야 한다는 것이다. 본서가 학생들의 합격에 일조한다면 더 이상 바랄 것이 없다는 말로 머리말을 마무리한다.

본서는 박영사 김혜림 님의 작업에 크게 힘입어 펴낸 것이므로, 특별히 감사의 말씀을 드린다.

2022년 9월
윤 우 혁

Contents

차 례

PART 03 **통치구조론**

APPENDIX 부 록

헌법과 헌법학

헌법총론

THEME 01 · 헌법의 의미

중요**기출지문**　　　　　　　　　　　　　헌재 2004.10.21. 2004헌마554 위헌 국가7급 19

헌법기관들 중에서 국민의 대표기관으로서 국민의 정치적 의사를 결정하는 국회와 행정을 통합하며 국가를 대표하는 대통령의 소재지가 어디인가 하는 것은 수도를 결정하는 데 있어서 특히 결정적인 요소가 된다. 대통령은 국가원수로서 국가를 상징하고 정부의 수반으로서 국가운용의 최고 통치권자이며 의회는 주권자인 국민이 선출한 대표들로 구성된 대의기관으로서 오늘날의 간접민주주의 통치구조하에서 주권자의 의사를 대변하고 중요한 국가의사를 결정하는 중추적 역할을 담당하므로 이들 두 개의 국가기관은 국가권력의 중심에 있고 국가의 존재와 특성을 외부적으로 표현하는 중심이 되기 때문이다.- 대통령과 국회의 소재지는 수도를 결정하는 기준이 되지만, 사법권이 행사되는 장소, 국무총리의 소재는 수도를 결정하는 기준이 아니다.

THEME 02 · 헌법해석과 헌법관

중요**기출지문**　　　　　　　　　　　　　대판 2004.8.20. 2004다22377 국회8급 13

군장교가 형사기소되면 휴직을 명할 수 있고 휴직기간 중에는 봉급의 반액을 지급하게 되는데 무죄판결을 받으면 차액을 소급하여 지급한다는 규정에서, 무죄판결에 공소기각(공소기각의 사유가 없었다면 무죄가 될 수 있는 내용상 무죄재판)재판을 포함하여 해석해도 문의적 한계 내의 합헌적 법률해석에 부합한다.

THEME 03 · 헌법의 제정·개정·변천

중요기출지문   헌재 1995.12.28. 95헌바3 `합헌 | 각하` 서울7급 18

우리 헌법의 각 개별규정 가운데 무엇이 헌법제정규정이고 무엇이 헌법개정규정인지를 구분하는 것이 가능하지 아니할 뿐 아니라, 각 개별규정에 그 효력상의 차이를 인정하여야 할 형식적인 이유를 찾을 수 없다. 이러한 점과 앞에서 검토한 현행 헌법 및 헌법재판소법의 명문의 규정취지에 비추어, 헌법제정권과 헌법개정권의 구별론이나 헌법개정한계론은 그 자체로서의 이론적 타당성 여부와 상관없이 우리 헌법재판소가 헌법의 개별규정에 대하여 위헌심사를 할 수 있다는 논거로 원용될 수 있는 것이 아니다.

THEME 04 · 헌법의 수호

중요기출지문   헌재 2014.12.19. 2013헌다1 `인용(해산)` 법무사 17

저항권은 공권력의 행사에 대한 '실력적' 저항이어서 본질상 질서교란의 위험이 수반되므로, 저항권의 행사에는 개별 헌법조항에 대한 단순한 위반이 아닌 민주적 기본질서라는 전체적 질서에 대한 중대한 침해가 있거나 이를 파괴하려는 시도가 있어야 하고, 이미 유효한 구제수단이 남아 있지 않아야 하는 보충성의 요건이 적용된다.

THEME 05 · 대한민국 헌정사

대한민국 헌법총설

THEME 06 • 대한민국의 국가형태

THEME 07 • 대한민국의 구성요소

중요기출지문   헌재 2020.9.24. 2016헌마889 `헌법불합치 | 기각` `변호사 21`

복수국적자가 병역준비역에 편입된 때부터 3개월이 지난 경우 병역의무 해소 전에는 대한민국 국적에서 이탈할 수 없도록 제한하는 국적법 제12조 제2항 본문 및 제14조 제1항 단서 중 제12조 제2항 본문에 관한 부분이 헌법에 합치되지 아니하고, 이들 법률조항은 2022.9.30.을 시한으로 개정될 때까지 계속 적용한다.

— •

병역준비역에 편입된 복수국적자의 국적선택 기간이 지났다고 하더라도, 그 기간 내에 국적이탈 신고를 하지 못한 데 대하여 사회통념상 그에게 책임을 묻기 어려운 사정 즉, 정당한 사유가 존재하고, 병역의무 이행의 공평성 확보라는 입법목적을 훼손하지 않음이 객관적으로 인정되는 경우라면, 병역준비역에 편입된 복수국적자에게 국적선택 기간이 경과하였다고 하여 일률적으로 국적이탈을 할 수 없다고 할 것이 아니라, 예외적으로 국적이탈을 허가하는 방안을 마련할 여지가 있다.

THEME 08 · 대한민국 헌법의 기본원리

★★☆

01 · [1] 의료사고 피해구제 및 의료분쟁 조정 등에 관한 법률 제47조 제2항 후단 중 '그 금액' 부분이 헌법에 합치되지 아니한다.

[2] 의료사고 피해구제 및 의료분쟁 조정 등에 관한 법률 제47조 제2항 전단, 같은 항 후단 중 '납부방법 및 관리 등' 부분, 의료사고 피해구제 및 의료분쟁 조정 등에 관한 법률 제47조 제4항은 각 헌법에 위반되지 아니한다. 헌재 2022.7.21. 2018헌바504 **헌법불합치 | 합헌**

───•

[보건의료기관개설자에 대한 대불비용 부담금 부과 사건]

● 이 사건 위임조항 중 '그 금액' 부분 – 헌법불합치

○ 다음과 같은 이유에서 이 사건 위임조항 중 '그 금액' 부분은 포괄위임금지원칙에 위배된다.
  − 선례는 보건의료기관개설자들에 추가로 징수할 대불비용 부담금은 결손을 보충하는 정도에 불과하여 대불비용 부담금을 정기적·장기적으로 징수할 가능성이 없다고 보았다. 일단 대불비용으로 적립된 금액은 결손이 발생하지 않는 한 어느 정도 수준으로 유지될 것이며, 그 후의 추가적인 부담은 대불이 필요한 손해배상금의 총액이 증가하는 정도와 결손이 발생하는 정도를 고려하여 정해질 것임을 예측할 수 있다고 보았다. 그런데 의료사고 피해자의 손해배상금 대불청구가 점차 증가하였고, 대불금 구상 실적은 극히 저조하여 적립된 재원은 빠르게 고갈되었다. 이에 따라 선례의 예측과는 달리 대불비용 부담금의 추가 징수가 여러 차례 반복되었다.
  − 그럼에도 이 사건 위임조항은 부담금의 액수를 어떻게 산정하고 이를 어떤 요건 하에 추가로 징수하는지에 관하여 그 대강조차도 정하지 않고 있고, 관련조항 등을 살펴보더라도 이를 예측할 만한 단서를 찾을 수 없다.
  − 반복적인 부담금 추가 징수가 예상되는 상황임에도 대불비용 부담금이 '부담금관리 기본법'의 규율대상에서 제외되는 등 입법자의 관여가 배제되어 있다는 점도 문제가 있다.
  − 입법자로서는 대불비용 부담금액 산정의 중요한 고려요소가 무엇인지를 이 사건 위임조항에 명시하는 방식으로 구체화하는 것이 가능하다. 또한, 어떤 요건 하에 추가로 대불비용 부담금을 부과할 수 있는지에 관하여는 법률로 정하기 어려운 것이 아니다.

★☆☆

02 · 노인장기요양 급여비용의 구체적인 산정방법 등에 관하여 필요한 사항을 보건복지부령에 정하도록 위임한 노인장기요양보험법 제39조 제3항은 법률유보원칙 및 포괄위임금지원칙에 위배되지 아니하므로 헌법에 위반되지 않는다. 헌재 2021.8.31. 2019헌바73 **합헌**

★★☆

03 · 한전이 정한 전기료 누진제는 헌법에 위반되지 않는다. 헌재 2021.4.29. 2017헌가25 합헌

── •

전기요금의 결정에 관한 내용을 반드시 입법자가 스스로 규율해야 하는 부분이라고 보기 어려우므로, 심판대상조항은 의회유보원칙에 위반되지 아니한다. 하위 법령에서는 전기의 보편적 공급과 전기사용자의 보호, 물가의 안정이라는 공익을 고려하여 전기요금의 산정 원칙이나 산정방법 등을 정할 것이라고 충분히 예측할 수 있다. 따라서 심판대상조항은 포괄위임금지원칙에 위반되지 아니한다.

★★☆

04 · 1945.8.9. 이후 성립된 거래를 전부 무효로 한 재조선미국육군사령부군정청 법령 제2호 제4조 본문과 1945.8.9. 이후 일본 국민이 소유하거나 관리하는 재산을 1945.9.25.자로 전부 미군정청이 취득하도록 정한 재조선미국육군사령부군정청 법령 제33호 제2조 전단 중 '일본 국민'에 관한 부분은 진정소급입법이지만 헌법 제13조 제2항에 반하지 않는다.

헌재 2021.1.28. 2018헌바88 합헌

THEME 09 • 대한민국 헌법의 기본질서

중요기출지문   헌재 2019.12.27. 2016헌마253 각하 | 기타   지방7급 21

국제법적으로, 조약은 국제법 주체들이 일정한 법률효과를 발생시키기 위하여 체결한 국제법의 규율을 받는 국제적 합의를 말하며 서면에 의한 경우가 대부분이지만 예외적으로 구두합의도 조약의 성격을 가질 수 있다.

중요기출지문   헌재 2019.12.27. 2016헌마253 각하 | 기타   지방7급 21

조약과 비구속적 합의를 구분함에 있어서는 합의의 명칭, 합의가 서면으로 이루어졌는지 여부 등과 같은 형식적 측면 외에도 합의의 과정과 내용·표현에 비추어 법적 구속력을 부여하려는 당사자의 의도가 인정되는지 여부 등 실체적 측면을 종합적으로 고려하여야 한다.

조약의 개념에 관하여 우리 헌법상 명문의 규정은 없다. 다만 헌법 제60조 제1항에서 국회는 상호원조 또는 안전보장에 관한 조약, 중요한 국제조직에 관한 조약, 우호통상항해조약, 주권의 제약에 관한 조약, 강화조약, 국가나 국민에게 중대한 재정적 부담을 지우는 조약 또는 입법사항에 관한 조약의 체결·비준에 대한 동의권을 가진다고 규정하고 있으며, 헌법 제73조는 대통령에게 조약체결권을 부여하고 있고, 헌법 제89조 제3호에서 조약안은 국무회의의 심의를 거치도록 규정하고 있다.

국제법적으로, 조약은 국제법 주체들이 일정한 법률효과를 발생시키기 위하여 체결한 국제법의 규율을 받는 국제적 합의를 말하며 서면에 의한 경우가 대부분이지만 예외적으로 구두합의도 조약의 성격을 가질 수 있다. 국가는 경우에 따라 조약과는 달리 법적 효력 내지 구속력이 없는 합의도 하는데, 이러한 합의는 많은 경우 일정한 공동 목표의 확인이나 원칙의 선언과 같이 구속력을 부여하기에는 너무 추상적이거나 구체성이 없는 내용을 담고 있으며, 대체로 조약체결의 형식적 절차를 거치지 않는다. 이러한 합의도 합의 내용이 상호 준수되리라는 기대 하에 체결되므로 합의를 이행하지 않는 국가에 대해 항의나 비판의 근거가 될 수는 있으나, 이는 법적 구속력과는 구분된다.

조약과 비구속적 합의를 구분함에 있어서는 합의의 명칭, 합의가 서면으로 이루어졌는지 여부, 국내법상 요구되는 절차를 거쳤는지 여부와 같은 형식적 측면 외에도 합의의 과정과 내용·표현에 비추어 법적 구속력을 부여하려는 당사자의 의도가 인정되는지 여부, 법적 효력을 부여할 수 있는 구체적인 권리·의무를 창설하는지 여부 등 실체적 측면을 종합적으로 고려하여야 한다. 이에 따라 비구속적 합의로 인정되는 때에는 그로 인하여 국민의 법적 지위가 영향을 받지 않는다고 할 것이므로, 이를 대상으로 한 헌법소원 심판청구는 허용되지 않는다.

PART

02 기본권론

기본권총론

THEME 01 • **기본권의 의의**

중요기출지문　　　　　　　　　　　　　헌재 1997.4.24. 95헌바48 [합헌] [국가7급 18]

제도적 보장은 객관적 제도를 헌법에 규정하여 당해 제도의 본질을 유지하려는 것으로서 헌법제정권자가 특히 중요하고도 가치가 있다고 인정되고 헌법적으로도 보장할 필요가 있다고 생각하는 국가제도를 헌법에 규정함으로써 장래의 법발전, 법형성의 방침과 범주를 미리 규율하려는 데 있다. 이러한 제도적 보장은 주관적 권리가 아닌 객관적 범규범이라는 점에서 기본권과 구별되기는 하지만 헌법에 의하여 일정한 제도가 보장되면 입법자는 그 제도를 설정하고 유지할 입법의무를 지게될 뿐만 아니라 헌법에 규정되어 있기 때문에 법률로써 이를 폐지할 수 없고, 비록 내용을 제한하더라도 그 본질적 내용을 침해할 수 없다. 그러나 기본권 보장은 "최대한 보장의 원칙"이 적용됨에 반하여, 제도적 보장은 그 본질적 내용을 침해하지 아니하는 범위 안에서 입법자에게 제도의 구체적 내용과 형태의 형성권을 폭넓게 인정한다는 의미에서 "최소한 보장의 원칙"이 적용될 뿐이다.

THEME 02 • **기본권의 법적 성격**

THEME 03 · 기본권의 주체

중요기출지문　　　　　　　　　　　　　　헌재 2012.8.23. 2008헌마430 [기각] [지방7급 20]

헌법재판소법 제68조 제1항 소정의 헌법소원은 기본권의 주체이어야만 청구할 수 있는데, 단순히 '국민의 권리'가 아니라 '인간의 권리'로 볼 수 있는 기본권에 대해서는 외국인도 기본권의 주체가 될 수 있다. 나아가 청구인들이 불법체류 중인 외국인들이라 하더라도, 불법체류라는 것은 관련 법령에 의하여 체류자격이 인정되지 않는다는 것일 뿐이므로, '인간의 권리'로서 외국인에게도 주체성이 인정되는 일정한 기본권에 관하여 불법체류 여부에 따라 그 인정 여부가 달라지는 것은 아니다. 청구인들이 침해받았다고 주장하고 있는 신체의 자유, 주거의 자유, 변호인의 조력을 받을 권리, 재판청구권 등은 성질상 인간의 권리에 해당한다고 볼 수 있으므로, 위 기본권들에 관하여는 청구인들의 기본권 주체성이 인정된다. 그러나 '국가인권위원회의 공정한 조사를 받을 권리'는 헌법상 인정되는 기본권이라고 하기 어렵고, 이 사건 보호 및 강제퇴거가 청구인들의 노동3권을 직접 제한하거나 침해한 바 없음이 명백하므로, 위 기본권들에 대하여는 본안판단에 나아가지 아니한다.

THEME 04 · 기본권의 효력

★★☆

01 · 헌법상 기본권은 제1차적으로 개인의 자유로운 영역을 공권력의 침해로부터 보호하기 위한 방어적 권리이지만 다른 한편으로 헌법의 기본적인 결단인 객관적인 가치질서를 구체화한 것으로서, 사법을 포함한 모든 법 영역에 그 영향을 미치는 것이므로 사인 간의 사적인 법률관계도 헌법상의 기본권 규정에 적합하게 규율되어야 한다. 다만 기본권 규정은 성질상 사법관계에 직접 적용될 수 있는 예외적인 것을 제외하고는 관련 법규범 또는 사법상의 일반원칙을 규정한 민법 제2조, 제103조 등의 내용을 형성하고 그 해석기준이 되어 간접적으로 사법관계에 효력을 미치게 된다.　　　　　　　　　　　　　　　　　　　　　　대판 2018.9.13. 2017두38560

──── •

국내외 항공운송업을 영위하는 갑 주식회사가 턱수염을 기르고 근무하던 소속 기장 을에게 '수염을 길러서는 안 된다'고 정한 취업규칙인 '임직원 근무복장 및 용모규정' 제5조 제1항 제2호를 위반하였다는 이유로 비행업무를 일시 정지시킨 데 대하여, 을이 부당한 인사처분에 해당한다며 노동위원회에 구제신청을 하였고 중앙노동위원회가 위 비행정지가 부당한 처분임을 인정하는 판정을 하자, 갑 회사가 중앙노동위원회위원장을 상대로 재심판정의 취소를 구한 사안에서, 위 취업규칙 조항은 항공운송업을 영위하는 사기업으로서 항공사에 대한 고객의 신뢰와 만족도 향상, 직원들의 책임의식 고취와 근무기강 확립 등을 위하여 소속 직원들의 용모와 복장들을 제한할 수 있는 갑 회사의 영업의 자유와 을의 일반적 행동자유권이 충돌하는 결과를 가져오는데, 위 취업규칙 조항이 두 기본권에 대한 이익형량이나 조화로운 조정 없이 영업의 자유와 관련한 필요성과 합리성의 범위를 넘어 일률적으로 소속 직원들의 일반적 행동자유권을 전면적으로 제한하고 있는 것은 기본권 충돌에 관한 형량과 기본권의 상호조화 측면에서 문제가 있는 점, 오늘날 개인 용모의 다양성에 대한 사회 인식의 변화 등을 고려할 때 갑 회사 소속 직원들이 수염을 기른다고 하여 반드시 고객에게 부정적인 인식과 영향을 끼친다고 단정하기 어려운 점, 더욱이 기장의 업무 범위에 항공기에 탑승하는 고객들과 직접적으로 대면하여 서비스를 제공하는 것이 당연히 포함되어 있다고 볼 수 없으며, 을이 자신의 일반적 행동자유권을 지키기 위해서 선택할 수 있는 대안으로는 갑 회사에서 퇴사하는 것 외에는 다른 선택이 존재하지 않는데도 수염을 일률적·전면적으로 기르지 못하도록 강제하는 것은 합리적이라고 볼 수 없는 점 등에 비추어 보면, 갑 회사가 헌법상 영업의 자유 등에 근거하여 제정한 위 취업규칙 조항은 을의 헌법상 일반적 행동자유권을 침해하므로 근로기준법 제96조 제1항, 민법 제103조 등에 따라서 무효이다.

THEME 05 • 기본권의 한계와 제한

중요기출지문   헌재 2015.12.23. 2014헌바446 **헌법불합치** 법무사 17

마약류 관리에 관한 법률을 위반하여 금고 이상의 실형을 선고받고 그 집행이 끝나거나 면제된 날부터 20년이 지나지 아니한 것을 택시운송사업의 운전업무 종사자격의 결격사유 및 취소사유로 정한 '여객자동차 운수사업법' 관련 규정은 헌법에 합치되지 않는다.

THEME 06 • 기본권의 확인과 보장

중요기출지문   헌재 2019.12.27. 2018헌마730 **헌법불합치** 국회8급 21

국가가 국민의 기본권을 적극적으로 보장하여야 할 의무가 인정된다는 점, 헌법 제35조 제1항이 국가와 국민에게 환경보전을 위하여 노력하여야 할 의무를 부여하고 있는 점, 환경침해는 사인에 의해서 빈번하게 유발되므로 입법자가 그 허용 범위에 관해 정할 필요가 있다는 점, 환경피해는 생명·신체의 보호와 같은 중요한 기본권적 법익 침해로 이어질 수 있다는 점 등을 고려할 때, 일정한 경우 국가는 사인인 제3자에 의한 국민의 환경권 침해에 대해서도 적극적으로 기본권 보호조치를 취할 의무를 진다.

— .

심판대상조항이 선거운동의 자유를 감안하여 선거운동을 위한 확성장치를 허용할 공익적 필요성이 인정된다고 하더라도 정온한 생활환경이 보장되어야 할 주거지역에서 출근 또는 등교 이전 및 퇴근 또는 하교 이후 시간대에 확성장치의 최고출력 내지 소음을 제한하는 등 사용시간과 사용지역에 따른 수인한도 내에서 확성장치의 최고출력 내지 소음 규제기준에 관한 규정을 두지 아니한 것은, 국민이 건강하고 쾌적하게 생활할 수 있는 양호한 주거환경을 위하여 노력하여야 할 국가의 의무를 부과한 헌법 제35조 제3항에 비추어 보면, 적절하고 효율적인 최소한의 보호조치를 취하지 아니하여 국가의 기본권 보호의무를 과소하게 이행한 것으로서, 청구인의 건강하고 쾌적한 환경에서 생활할 권리를 침해하므로 헌법에 위반된다.

중요기출지문　　　　　　　　　　　　　　헌재 2020.3.26. 2017헌마1281　기각　국회8급 21

동물보호법, 장사법, '동물장묘업의 시설설치 및 검사기준' 등 관계규정에서 동물장묘시설의 설치제한 지역을 상세하게 규정하고, 매연, 소음, 분진, 악취 등 오염원 배출을 규제하기 위한 상세한 시설 및 검사기준을 두고 있는 등의 사정을 고려할 때, 심판대상조항에서 동물장묘업 등록에 관하여 장사법 제17조 외에 다른 지역적 제한사유를 규정하지 않았다는 사정만으로 청구인들의 환경권을 보호하기 위한 입법자의 의무를 과소하게 이행하였다고 평가할 수는 없다. 따라서 심판대상조항은 청구인들의 환경권을 침해하지 않는다.

인간의 존엄과 가치·행복추구권·평등권

THEME 07 ● **인간으로서의 존엄과 가치**

중요기출지문   헌재 2016.12.29. 2013헌마142 인용   지방7급 17

업무방해죄 등으로 벌금 70만 원의 형이 확정되었으나 벌금의 납부를 거부하여 노역장 유치명령에 따라 2012. 12.8. 06:00경부터 2012.12.18. 13:00경까지 ○○구치소 13동 하층 14실(면적 8.96 제곱미터, 정원 6명)에 수용한 행위는 청구인의 인간의 존엄과 가치를 침해한 것으로 위헌임을 확인한다.

수형자의 경우 형벌의 집행을 위하여 교정시설에 격리된 채 강제적인 공동생활을 하게 되는바, 그 과정에서 구금의 목적 달성을 위하여 필요최소한의 범위 내에서는 수형자의 기본권에 대한 제한이 불가피하다 하더라도, 국가는 인간의 존엄과 가치에서 비롯되는 위와 같은 국가형벌권 행사의 한계를 준수하여야 하고, 어떠한 경우에도 수형자가 인간으로서 가지는 존엄과 가치를 훼손할 수 없다.

THEME 08 ● **행복추구권**

★☆☆

02 ● 이동통신사업자가 제공하는 전기통신역무를 타인의 통신용으로 제공하는 것을 원칙적으로 금지하고, 위반 시 형사처벌하는 전기통신사업법 제30조 본문 중 '누구든지 전기통신사업자 가운데 이동통신사업자가 제공하는 전기통신역무를 타인의 통신용으로 제공하여서는 아니 된다.' 부분과 제97조 제7호 중 '전기통신사업자 가운데 이동통신사업자가 제공하는 전기통신역무를 타인의 통신용으로 제공한 자'에 관한 부분은 헌법에 위반되지 않는다.

헌재 2022.6.30. 2019헌가14   합헌

──── ●

[선불폰 개통에 필요한 증서 등의 타인제공 금지 및 처벌 사건]

★★☆

03 금융회사등에 종사하는 자에게 거래정보등의 제공을 요구하는 것을 금지하고 위반 시 형사처벌하는 구 금융실명거래 및 비밀보장에 관한 법률 제4조 제1항 본문 중 '누구든지 금융회사등에 종사하는 자에게 거래정보등의 제공을 요구하여서는 아니 된다'는 부분 및 제6조 제1항 중 위 해당 부분, 금융실명거래 및 비밀보장에 관한 법률 제4조 제1항 본문 중 '누구든지 금융회사등에 종사하는 자에게 거래정보등의 제공을 요구하여서는 아니 된다'는 부분 및 제6조 제1항 중 위 해당 부분은 과잉금지원칙에 반하여 일반적 행동자유권을 침해하므로 헌법에 위반된다.

헌재 2022.2.24. 2020헌가5 **위헌**

가. 심판대상조항은 금융거래정보 유출을 막음으로써 금융거래의 비밀을 보장하기 위하여 명의인의 동의 없이 금융기관에게 금융거래정보를 요구하는 것을 금지하고 그 위반행위에 대하여 형사처벌을 가하는 것으로, 입법목적의 정당성과 수단의 적합성이 인정된다.

나. 심판대상조항은 정보제공요구의 사유나 경위, 행위 태양, 요구한 거래정보의 내용 등을 전혀 고려하지 아니하고 일률적으로 금지하고, 그 위반 시 형사처벌을 하도록 하고 있다. 이는 입법목적을 달성하기 위하여 필요한 범위를 넘어선 것으로 최소침해성의 원칙에 위반된다.

★☆☆

04 명의신탁이 증여로 의제되는 경우 명의신탁의 당사자에게 증여세 과세표준 등의 신고의무를 부과하는 구 '상속세 및 증여세법' 조항은 헌법에 위반되지 아니한다.

헌재 2022.2.24. 2019헌바225 **합헌**

중요기출지문 　헌재 2013.9.26. 2013헌가15 **위헌** 　**국가7급 18**

구 선박안전법 제84조 제2항 중 '선장이 선박소유자의 업무에 관하여 제1항 제9호의 위반행위를 한 때에는 선박소유사에 대하여도 농항의 벌금형에 처한다.'는 부분은 책임주의원칙에 반하므로 헌법에 위반된다.

THEME 09 • **평등권**

★☆☆

05 · 근로자의 날을 관공서의 공휴일에 정하지 않은 '관공서의 공휴일에 관한 규정' 제2조 본문은 공무원인 청구인들의 평등권 등을 침해하지 않으므로 청구인들의 심판청구를 모두 기각한다.

헌재 2022.8.31. 2020헌마1025 **기각**

[근로자의 날을 관공서 공휴일에 포함시키지 않은 규정에 대한 사건]

○ 헌법재판소는 헌재 2015.5.28. 2013헌마343 결정에서, 근로자의 날을 관공서의 공휴일로 정하지 않은 구 '관공서의 공휴일에 관한 규정'(2012.12.28. 대통령령 제24273호로 개정되고, 2017.10.17. 대통령령 제28394호로 개정되기 전의 것) 제2조 본문에 대해, 공무원들의 평등권을 침해하지 않는다고 판단하였다.

○ 위 선례 결정 당시 일반근로자에게는 근로기준법상의 주휴일과 '근로자의 날 제정에 관한 법률'에서 정한 근로자의 날이 법정유급휴일이었고, 관공서의 공휴일을 비롯한 나머지 휴일은 단체협약이나 취업규칙을 통하여 노사가 자율적으로 정하는 약정휴일에 해당하였다. 그런데 위 결정 이후 2018.3.20. 법률 제15513호로 근로기준법이 개정되면서 일반근로자에게도 심판대상조항 중 일요일을 제외한 공휴일 및 대체공휴일이 법정유급휴일로 인정되어, 일반근로자의 법정유급휴일이 이전보다 확대되었다.

○ 그런데 공무원의 근로조건을 정할 때에는 공무원의 국민전체에 대한 봉사자로서의 지위 및 직무의 공공성을 고려할 필요가 있다. 또한 공무원은 심판대상조항이 정하는 관공서의 공휴일(일요일 포함) 및 대체공휴일뿐만 아니라 '국가공무원 복무규정' 등에서 토요일을 휴일로 인정받고 있는바, 공무원에게 부여된 휴일은 연속된 근로에서의 근로자의 피로회복과 건강회복 및 여가의 활용을 통한 인간으로서의 사회적·문화적 생활의 향유를 위해 마련된 근로기준법상의 휴일제도의 취지에 부합한다.

○ 따라서 심판대상조항이 근로자의 날을 공무원의 유급휴일에 해당하는 관공서의 공휴일로 규정하지 않았다고 하더라도 일반근로자에 비해 현저하게 부당하거나 합리성이 결여되어 있다고 볼 수 없어, 헌법재판소의 위 선례의 입장은 그대로 타당하고, 심판대상조항은 청구인들의 평등권을 침해한다고 볼 수 없다.

○ 또한 심판대상조항은 직접적으로 공무원들의 단결권 및 집회의 자유를 제한한다고 볼 수 없으므로, 청구인들의 단결권 및 집회의 자유를 침해하지 아니한다.

★★☆

06 · 현역병 등의 복무기간과는 달리 사관생도의 사관학교 교육기간을 연금 산정의 기초가 되는 복무기간에 산입할 수 있도록 규정하지 아니한 구 군인연금법 제16조 제5항 전문은 청구인들의 평등권을 침해하지 않는다.　　　　　　　　　　　　　　　　헌재 2022.6.30. 2019헌마150 `기각`

――――・

[사관학교 교육기간의 군인연금법상 복무기간 산입 사건]

⊙ 이 사건의 쟁점은 심판대상조항이 합리적 근거 없이 '사관학교 졸업 후 군인으로 임용된 자'를 '현역병 등으로 병역의무를 이행하고 군인으로 임용된 자'와 다르게 취급하여 청구인들의 평등권을 침해하는지 여부이다.

⊙ 위와 같은 군인연금법상 군 복무기간 산입제도의 목적과 취지, 현역병 등과 사관생도의 신분, 역할, 근무환경 등을 종합적으로 고려하면, 심판대상조항이 사관학교에서의 교육기간을 현역병 등의 복무기간과 달리 연금 산정의 기초가 되는 복무기간에 산입하도록 규정하지 않은 것이 현저히 자의적인 차별이라고 볼 수는 없다.

⊙ 따라서 심판대상조항은 청구인들의 평등권을 침해하지 아니한다.

비교판례지문　　　　　　　　　　　　　　　　　　헌재 2016.2.25. 2015헌가15 `헌법불합치`

농어촌등보건의료를위한특별조치법이 시행되기 이전에 공중보건의사로 복무한 사람이 사립학교 교직원으로 임용된 경우 공중보건의사로 복무한 기간을 사립학교 교직원 재직기간에 산입하도록 규정하지 않은 '사립학교교직원연금법'은 제31조 제2항이 평등원칙에 위배된다.

★★☆

07 · 원판결의 근거가 된 가중처벌규정에 대하여 헌법재판소의 위헌결정이 있었음을 이유로 개시된 재심절차에서, 공소장 변경을 통해 위헌결정된 가중처벌규정보다 법정형이 가벼운 처벌규정으로 적용법조가 변경되어 피고인이 무죄재판을 받지는 않았으나 원판결보다 가벼운 형으로 유죄판결이 확정된 경우, 재심판결에서 선고된 형을 초과하여 집행된 구금에 대하여 보상요건을 전혀 규정하지 아니한 '형사보상 및 명예회복에 관한 법률' 제26조 제1항은 평등원칙을 위반하여 청구인들의 평등권을 침해한다.　　　　　　헌재 2022.2.24. 2018헌마998 `헌법불합치`

★★★

08 · 국가를 상대로 한 당사자소송에는 가집행선고를 할 수 없도록 규정하고 있는 '행정소송법 제43조' 는 헌법에 위반된다.

헌재 2022.2.24. 2020헌가12 위헌

심판대상조항은 국가가 당사자소송의 피고인 경우 가집행의 선고를 제한하여, 국가가 아닌 공공단체 그 밖의 권리 주체가 피고인 경우에 비하여 합리적인 이유 없이 차별하고 있으므로 평등원칙에 반한다.

★☆☆

09 · 국공립어린이집, 사회복지법인어린이집, 법인·단체등어린이집 등과 달리 민간어린이집에는 보육교직원 인건비를 지원하지 않는 보건복지부지침은 민간어린이집을 운영하는 청구인의 평등권을 침해하지 않는다.

헌재 2022.2.24. 2020헌마177 기각

어린이집에 대한 이원적 지원 체계는 기존의 민간어린이집을 공적 보육체계에 포섭하면서도 나머지 민간어린이집 은 기관보육료를 지원하여 보육의 공공성을 확대하는 방향으로 단계적 개선을 이루어나가고 있다. 이상을 종합하여 보면, 심판대상조항이 합리적 근거 없이 민간어린이집을 운영하는 청구인을 차별하여 청구인의 평등권을 침해하였 다고 볼 수 없다.

★ ☆ ☆

10. 국민참여재판 배심원의 자격을 만 20세 이상으로 정한 국민의 형사재판 참여에 관한 법률 제16조 중 '만 20세 이상' 부분은 헌법에 위반되지 않는다. 헌재 2021.5.27. 2019헌가19 **합헌**

심판대상조항이 우리나라 국민참여재판제도의 취지와 배심원의 권한 및 의무 등 여러 사정을 종합적으로 고려하여 만 20세에 이르기까지 교육 및 경험을 쌓은 자로 하여금 배심원의 책무를 담당하도록 정한 것은 입법형성권의 한계 내의 것으로 자의적인 차별이라고 볼 수 없다.

관련 기출지문   헌재 2017.12.28. 2015헌마1000 **기각 | 각하** **국회9급 18**

변리사의 대한변리사회 가입의무를 규정한 변리사법 제11조 중 '제5조 제1항에 따라 등록한 변리사' 부분은 청구인의 기본권을 침해하지 않는다.

가. 자격조항의 시행 전에 변호사 자격을 갖고 있었던 청구인에게는 변리사법 부칙에 따라 구 자격조항이 적용된다. 따라서 청구인은 자격조항에 대하여 자기관련성이 인정되지 않으므로, 자격조항에 대한 심판청구는 부적법하다.

나. 연수조항이 변리사시험에 합격한 사람과 변호사 자격을 가진 사람 모두 연수교육을 받도록 규정한 것은 변리사 업무를 수행함에 있어서 근본적으로 같은 것을 같게 취급하는 것이므로 청구인의 평등권도 침해하지 않는다.

자유권적 기본권

기본권론

★☆☆

11 · 형법 제314조 제1항 중 '위력으로써 사람의 업무를 방해한 자' 부분은 죄형법정주의의 명확성원칙에 위배되지 않는다. 심판대상조항은 책임과 형벌 간의 비례원칙에 위배되지 않고, 심판대상조항은 단체행동권을 침해하지 않는다.　　헌재 2022.5.26. 2012헌바66 합헌

——— •

[형법 제314조 제1항 위헌소원]

★★☆

12 · 대마를 수입한 자를 무기 또는 5년 이상의 징역에 처하도록 규정한 '마약류 관리에 관한 법률' 제58조 제1항 제5호 중 '대마를 수입한 자' 부분은 죄형법정주의의 명확성원칙에 반하지 않는다.　　헌재 2022.3.31. 2019헌바242 합헌

——— •

[마약류 관리에 관한 법률 제58조 제1항 제5호 위헌소원]

★☆☆

13 · 사람의 항거불능 상태를 이용하여 간음 또는 추행을 한 자를 형사처벌하는 형법 제299조 중 '항거불능' 부분은 헌법에 위반되지 아니한다.

헌재 2022.1.27. 2017헌바528 `합헌`

─────•

심판대상조항은 죄형법정주의의 명확성원칙에 위반되지 아니한다.

★★☆

14 · 고속도로 등에서 부득이한 사정이 있는 경우를 제외하고 갓길로 통행할 수 없도록 금지하는 구 도로교통법 제60조 제1항 본문 중 '자동차의 운전자는 고속도로등에서 자동차의 고장 등 부득이한 사정이 있는 경우를 제외하고는 갓길로 통행하여서는 아니 된다.' 부분, 구 도로교통법 제156조 제3호 중 제60조 제1항 본문 가운데 위 해당 부분은 모두 헌법에 위반되지 아니한다.

헌재 2021.8.31. 2020헌바100 `합헌`

─────•

이 사건 금지조항 중 '부득이한 사정' 부분은 죄형법정주의의 명확성원칙에 위배되지 않는다.

★☆☆

15 · 정보통신시스템 등의 운용을 방해할 수 있는 프로그램의 전달 또는 유포를 금지 및 처벌하도록 한 '정보통신망 이용촉진 및 정보보호 등에 관한 법률' 제48조 제2항 중 '운용을 방해할 수 있는 부분'이 죄형법정주의의 명확성원칙에 위배된다고 볼 수 없다.

헌재 2021.7.15. 2018헌바428 **합헌**

★★☆

16 · 교도소장이 수용자의 변호인이 수용자에게 보낸 서신을 개봉한 후 교부한 행위에 대해, 위 서신개봉행위에 대한 심판청구는 변호인의 조력을 받을 권리를 침해하지 아니한다.

헌재 2021.10.28. 2019헌마973 **기각 | 각하**

───•

이 사건 서신개봉행위는 수용자가 외부로부터 마약·독극물·흉기 등 범죄에 이용될 우려가 있는 물건 및 담배·현금·수표 등 교정시설의 안전 또는 질서를 해칠 우려가 있는 물건, 음란물 등 수형자의 교화 또는 건전한 사회복귀를 해칠 우려가 있는 물건 등 금지물품(형집행법 제92조 제1항)을 반입하지 못하도록 하여 교정시설의 안전과 질서를 원활하게 유지하기 위한 것이므로 그 목적이 정당하다. 수용자에게 온 서신을 개봉하여 금지물품이 있는지를 확인하는 것은 위와 같은 목적을 달성할 수 있는 적합한 수단이 된다. 그러므로 이 사건 서신개봉행위는 과잉금지원칙에 위반되지 아니하므로 청구인의 변호인의 조력을 받을 권리를 침해하지 아니한다.

★☆☆

17 · 육군 장교가 민간법원에서 약식명령을 받아 확정되면 자진신고할 의무를 규정한 '2020년도 장교 진급 지시' 조항 및 '2021년도 장교 진급 지시' 조항은 일반적 행동의 자유를 침해하지 않는다.

헌재 2021.8.31. 2020헌마12 **기각 | 각하**

——— •

● **제한되는 기본권**

○ 육군 장교로 하여금 민간법원에서 약식명령을 받아 확정된 경우 자진신고 하도록 강제하고 있으므로, 일반적 행동의 자유가 제한된다.

○ 범죄사실의 진위 여부를 밝힐 것을 요구하는 것이 아니고, 신분적 재판권 위반을 이유로 비상상고 절차가 개시될 수 있다고 하더라도 원판결이 피고인에게 불이익한 때에만 다시 판결을 하게 되므로(형사소송법 제446조 제1호) 형사상 불이익한 진술이 강요된다고 볼 수 없어, 진술거부권은 제한되지 않는다.

○ 내심의 가치적·윤리적 판단이 개입될 여지가 없는 단순한 사실관계를 자진신고 하도록 하는 것에 불과하므로, 양심의 자유도 제한되지 않는다.

관련기출지문   헌재 2014.9.25. 2013헌마11 **기각** 경감승진 22

재산목록을 제출하고 그 진실함을 법관 앞에서 선서하는 것은 개인의 인격형성에 관계되는 내심의 가치적·윤리적 판단에 해당하지 않아 양심의 자유의 보호대상이 아니고, 감치의 제재를 통해 이를 강제하는 것이 형사상 불이익한 진술을 강요하는 것이라고 할 수 없으므로, 심판대상조항은 청구인의 양심의 자유 및 진술거부권을 침해하지 아니한다.

★☆☆

18.

공무원이 지위를 이용하여 선거운동의 기획행위를 하는 것을 금지하고 이를 위반한 경우 형사처벌하는 한편, 공무원이 지위를 이용하여 범한 공직선거법위반죄의 경우 일반인이 범한 공직선거법위반죄와 달리 공소시효를 10년으로 정한 구 공직선거법 제86조 제1항 제2호 중 '공무원이 지위를 이용하여'에 관한 부분, 제255조 제1항 제10호 가운데 제86조 제1항 제2호 중 '공무원이 지위를 이용하여'에 관한 부분, 공직선거법 제268조 제3항 중 '공무원이 지위를 이용하여 범한 공직선거법위반죄에 대해 공소시효를 10년으로 한 것'에 관한 부분은 모두 헌법에 위반되지 않는다.

헌재 2022.8.31. 2018헌바440 `합헌`

———— •

[공직선거법상 장기 공소시효 사건]

○ 문언해석과 입법목적 및 법원의 해석례 등에 비추어 보면 '지위를 이용하여'란 공무원이 공무원 개인 자격으로서가 아니라 공무원의 지위와 결부되어 선거운동의 기획행위를 하는 것을 뜻하고, 공무원의 지위에 있기 때문에 특히 선거운동의 기획에 참여하거나 그 기획의 실시에 관여하는 행위를 효과적으로 할 수 있는 영향력 또는 편익을 이용하는 것이라고 해석된다. 따라서 이 조항이 죄형법정주의의 명확성원칙에 위배된다고 할 수 없다.

○ 또한 공무원이 지위를 이용하여 범한 공직선거법위반죄의 경우 선거의 공정성을 중대하게 저해하고 공권력에 의하여 조직적으로 은폐되어 단기간에 밝혀지기 어려울 수도 있어 단기 공소시효에 의할 경우 처벌규정의 실효성을 확보하지 못할 수 있다. 이러한 취지에서 공무원이 지위를 이용하여 범한 공직선거법위반죄의 경우 해당 선거일 후 10년으로 공소시효를 정한 입법자의 판단은 합리적인 이유가 인정되므로 평등원칙에 위반되지 않는다.

관련기출지문　　헌재 2008.5.29. 2006헌마1096 `한정위헌` `국가7급 14`

공무원이 그 지위를 이용하였는지 여부에 관계없이 선거운동의 기획행위를 일체 금지하는 것은 헌법에 위반된다.

—— •

선거의 공정성을 확보하기 위하여 선거에 대한 부당한 영향력의 행사 기타 선거결과에 영향을 미치는 행위를 금지하여 선거에서의 공무원의 중립의무를 실현하고자 한다면, 공무원이 '그 지위를 이용하여' 하는 선거운동의 기획행위를 막는 것으로도 충분하다. 이러한 점에서 이 사건 법률조항은 수단의 적정성과 피해의 최소성 원칙에 반한다. 한편, 공무원의 편향된 영향력 행사를 배제하여 선거의 공정성을 확보한다는 공익은, 그 지위를 이용한 선거운동 내지 영향력 행사만을 금지하면 대부분 확보될 수 있으므로 공무원이 그 지위를 이용하였는지 여부에 관계없이 선거운동의 기획행위를 일체 금지하는 것은 정치적 의사표현의 자유라는 개인의 기본권을 중대하게 제한하는 반면, 그러한 금지가 선거의 공정성이라는 공익의 확보에 기여하는 바는 매우 미미하다는 점에서 이 사건 법률조항은 법익의 균형성을 충족하고 있지 못하다.

★★☆

19 · 수사기관 등에 의한 통신자료 취득행위에 대한 심판청구에 대하여는 각하하는 한편, 그 근거조항인 전기통신사업법 제83조 제3항 중 '검사 또는 수사관서의 장(군 수사기관의 장을 포함한다), 정보수사기관의 장의 수사, 형의 집행 또는 국가안전보장에 대한 위해 방지를 위한 정보수집을 위한 통신자료 제공요청'에 관한 부분에 대하여는 사후통지절차를 마련하지 않은 것이 적법절차원칙에 위배된다는 이유로 2023.12.31.을 시한으로 입법자가 개정할 때까지 계속 적용을 명하는 헌법불합치 결정을 선고하였다.

헌재 2022.7.21. 2016헌마388 `헌법불합치`

───•

[수사기관 등에 의한 통신자료 제공요청 사건]

가. 영장주의 위배 여부 – 위배 ×

헌법상 영장주의는 체포·구속·압수·수색 등 기본권을 제한하는 강제처분에 적용되므로, 강제력이 개입되지 않은 임의수사에 해당하는 수사기관 등의 통신자료 취득에는 영장주의가 적용되지 않는다.

나. 명확성원칙 위배 여부 – 위배 ×

청구인들은 이 사건 법률조항 중 '국가안전보장에 대한 위해'의 의미가 불분명하다고 주장한다. 그런데 '국가안전보장에 대한 위해를 방지하기 위한 정보수집'은 국가의 존립이나 헌법의 기본질서에 대한 위험을 방지하기 위한 목적을 달성함에 있어 요구되는 최소한의 범위 내에서의 정보수집을 의미하는 것으로 해석되므로, 명확성원칙에 위배되지 않는다.

다. 과잉금지원칙 위배 여부 – 위배 ×

이 사건 법률조항은 범죄수사나 정보수집의 초기단계에서 수사기관 등이 통신자료를 취득할 수 있도록 함으로써 수사나 형의 집행, 국가안전보장 활동의 신속성과 효율성을 도모하고, 이를 통하여 실체적 진실발견, 국가 형벌권의 적정한 행사 및 국가안전보장에 기여하므로, 입법목적의 정당성 및 수단의 적합성이 인정된다.

이 사건 법률조항은 수사기관 등이 통신자료 제공요청을 할 수 있는 정보의 범위를 성명, 주민등록번호, 주소 등 피의자나 피해자를 특정하기 위한 불가피한 최소한의 기초정보로 한정하고, 민감정보를 포함하고 있지 않으며, 그 사유 또한 '수사, 형의 집행 또는 국가안전보장에 대한 위해를 방지하기 위한 정보수집'으로 한정하고 있다. 더불어 전기통신사업법은 통신자료 제공요청 방법이나 통신자료 제공현황 보고에 관한 규정 등을 두어 통신자료가 수사 등 정보수집의 목적달성에 필요한 최소한의 범위 내에서 이루어지도록 하고 있다. 따라서 침해의 최소성 및 법익균형성에 위배되지 않는다.

라. 적법절차원칙 위배 여부 – 위배 ○

이 사건 법률조항에 의한 통신자료 제공요청이 있는 경우 통신자료의 정보주체인 이용자에게는 통신자료 제공요청이 있었다는 점이 사전에 고지되지 아니하며, 전기통신사업자가 수사기관 등에게 통신자료를 제공한 경우에도 이러한 사실이 이용자에게 별도로 통지되지 않는다.

그런데 당사자에 대한 통지는 당사자가 기본권 제한 사실을 확인하고 그 정당성 여부를 다툴 수 있는 전제조건이 된다는 점에서 매우 중요하다. 효율적인 수사와 정보수집의 신속성, 밀행성 등의 필요성을 고려하여 사전에 정보주체인 이용자에게 그 내역을 통지하도록 하는 것이 적절하지 않다면 수사기관 등이 통신자료를 취득한 이후에 수사 등 정보수집의 목적에 방해가 되지 않는 범위 내에서 통신자료의 취득사실을 이용자에게 통지하는 것이 얼마든지 가능하다.

그럼에도 이 사건 법률조항은 통신자료 취득에 대한 사후통지절차를 두지 않아 적법절차원칙에 위배되어 개인정보자기결정권을 침해한다.

마. 헌법불합치 결정의 필요성

이 사건 법률조항은 통신자료 취득 자체가 헌법에 위반된다는 것이 아니라 통신자료 취득에 대한 사후통지절차를 마련하지 않은 것이 헌법에 위반된다는 것이므로, 이 사건 법률조항에 대하여 단순위헌 결정을 하게 되면 법적 공백이 발생하게 된다. 따라서 이 사건 법률조항에 대하여 잠정적용을 명하는 헌법불합치결정을 선고하되, 입법자는 늦어도 2023.12.31.까지 개선입법을 하여야 한다.

★★☆

20 · ① 음주측정거부 전력이 1회 이상 있는 사람이 다시 음주운전 금지규정 위반행위를 한 경우 2년 이상 5년 이하의 징역이나 1천만 원 이상 2천만 원 이하의 벌금에 처하도록 규정한 구 도로교통법 제148조의2 제1항 중 '제44조 제2항을 1회 이상 위반한 사람으로서 다시 같은 조 제1항을 위반한 사람'에 관한 부분 및 ② 음주측정거부 전력이 1회 이상 있는 사람이 다시 음주측정거부행위를 한 경우 2년 이상 5년 이하의 징역이나 1천만 원 이상 2천만 원 이하의 벌금에 처하도록 규정한 도로교통법 제148조의2 제1항 중 '제44조 제2항을 2회 이상 위반한 사람'에 관한 부분은 헌법에 위반된다. 헌재 2022.8.31. 2022헌가14 **위헌**

——— •

[음주측정거부 전력자가 다시 음주운전 금지규정 위반행위 또는 음주측정거부행위를 한 경우 가중처벌 사건]

○ 심판대상조항은 음주측정거부 전력이 1회 이상 있는 사람이 다시 음주운전 금지규정 위반행위 또는 음주측정거부행위를 한 경우 이에 대한 처벌을 강화하기 위한 규정인데, 그 구성요건을 '제44조 제2항을 1회 이상 위반한 사람으로서 다시 같은 조 제1항을 위반한 경우' 또는 '제44조 제2항을 2회 이상 위반한 경우'로 정하여 가중요건이 되는 과거의 위반행위와 처벌대상이 되는 재범 음주운전 금지규정 위반행위 또는 음주측정거부행위 사이에 아무런 시간적 제한을 두지 않고 있다.

○ 그런데 과거의 위반행위가 상당히 오래전에 이루어져 그 이후 행해진 음주운전 금지규정 위반행위 또는 음주측정거부행위를 '교통법규에 대한 준법정신이나 안전의식이 현저히 부족한 상태에서 이루어진 반규범적 행위' 또는 '반복적으로 사회구성원에 대한 생명·신체 등을 위협하고 그 위험방지를 위한 경찰작용을 방해한 행위'라고 평가하기 어렵다면, 이를 가중처벌할 필요성이 인정된다고 보기 어렵다. 그리고 범죄 전력이 있음에도 다시 범행한 경우 재범인 후범에 대하여 가중된 행위책임을 인정할 수 있다고 하더라도, 전범을 이유로 아무런 시간적 제한 없이 무제한 후범을 가중처벌하는 예는 발견하기 어렵고, 공소시효나 형의 실효를 인정하는 취지에도 부합하지 않는다. 또한 심판대상조항은 과거 위반 전력의 시기 및 내용이나 음주운전 당시의 혈중알코올농도 수준 또는 음주측정거부 당시의 음주 의심 정도와 발생한 위험 등을 고려할 때 비난가능성이 상대적으로 낮은 음주운전 또는 음주측정거부 재범행위까지도 법정형의 하한인 2년 이상의 징역 또는 1천만 원 이상의 벌금을 기준으로 처벌하도록 하고 있어, 책임과 형벌 사이의 비례성을 인정하기 어렵다.

○ 반복적인 음주운전 금지규정 위반행위 또는 음주측정거부행위에 대한 강한 처벌이 국민일반의 법감정에 부합할 수는 있으나, 결국에는 중한 형벌에 대한 면역성과 무감각이 생기게 되어 범죄예방과 법질서 수호에 실질적인 기여를 하지 못하는 상황이 발생할 수 있으므로, 반복적인 위반행위를 예방하기 위한 조치로서 형벌의 강화는 최후의 수단이 되어야 한다. 심판대상조항은 음주치료나 음주운전 방지장치 도입과 같은 비형벌적 수단에 대한 충분한 고려 없이 과거 위반 전력 등과 관련하여 아무런 제한도 두지 않고 죄질이 비교적 가벼운 유형의 음주운전 또는 음주측정거부 재범행위에 대해서까지 일률적으로 가중처벌하도록 하고 있으므로 형벌 본래의 기능에 필요한 정도를 현저히 일탈하는 과도한 법정형을 정한 것이다.

○ 그러므로 심판대상조항은 책임과 형벌 간의 비례원칙에 위반된다.

★★☆

21

① 음주측정거부 전력이 1회 이상 있는 사람이 다시 음주운전 금지규정 위반행위를 한 경우 2년 이상 5년 이하의 징역이나 1천만 원 이상 2천만 원 이하의 벌금에 처하도록 규정한 구 도로교통법 제148조의2 제1항 중 '제44조 제2항을 1회 이상 위반한 사람으로서 다시 같은 조 제1항을 위반한 사람'에 관한 부분 및 ② 음주측정거부 전력이 1회 이상 있는 사람이 다시 음주측정거부행위를 한 경우 2년 이상 5년 이하의 징역이나 1천만 원 이상 2천만 원 이하의 벌금에 처하도록 규정한 도로교통법 제148조의2 제1항 중 '제44조 제2항을 2회 이상 위반한 사람'에 관한 부분은 헌법에 위반된다.

헌재 2022.8.31. 2022헌가18 위헌

——— •

[음주측정거부 전력자가 다시 음주운전 금지규정 위반행위 또는 음주측정거부행위를 한 경우 가중처벌 사건]

○ 심판대상조항은 음주측정거부 전력이 1회 이상 있는 사람이 다시 음주운전 금지규정 위반행위 또는 음주측정거부행위를 한 경우 이에 대한 처벌을 강화하기 위한 규정인데, 그 구성요건을 '제44조 제2항을 1회 이상 위반한 사람으로서 다시 같은 조 제1항을 위반한 경우' 또는 '제44조 제2항을 2회 이상 위반한 경우'로 정하여 가중요건이 되는 과거의 위반행위와 처벌대상이 되는 재범 음주운전 금지규정 위반행위 또는 음주측정거부행위 사이에 아무런 시간적 제한을 두지 않고 있다.

○ 그런데 과거의 위반행위가 상당히 오래전에 이루어져 그 이후 행해진 음주운전 금지규정 위반행위 또는 음주측정거부행위를 '교통법규에 대한 준법정신이나 안전의식이 현저히 부족한 상태에서 이루어진 반규범적 행위' 또는 '반복적으로 사회구성원에 대한 생명·신체 등을 위협하고 그 위험방지를 위한 경찰작용을 방해한 행위'라고 평가하기 어렵다면, 이를 가중처벌할 필요성이 인정된다고 보기 어렵다. 그리고 범죄 전력이 있음에도 다시 범행한 경우 재범인 후범에 대하여 가중된 행위책임을 인정할 수 있다고 하더라도, 전범을 이유로 아무런 시간적 제한 없이 무제한 후범을 가중처벌하는 예는 발견하기 어렵고, 공소시효나 형의 실효를 인정하는 취지에도 부합하지 않는다. 또한 심판대상조항은 과거 위반 전력의 시기 및 내용이나 음주운전 당시의 혈중알코올농도 수준 또는 음주측정거부 당시의 음주 의심 정도와 발생한 위험 등을 고려할 때 비난가능성이 상대적으로 낮은 음주운전 또는 음주측정거부 재범행위까지도 법정형의 하한인 2년 이상의 징역 또는 1천만 원 이상의 벌금을 기준으로 처벌하도록 하고 있어, 책임과 형벌 사이의 비례성을 인정하기 어렵다.

○ 반복적인 음주운전 금지규정 위반행위 또는 음주측정거부행위에 대한 강한 처벌이 국민일반의 법감정에 부합할 수는 있으나, 결국에는 중한 형벌에 대한 면역성과 무감각이 생기게 되어 범죄예방과 법질서 수호에 실질적인 기여를 하지 못하는 상황이 발생할 수 있으므로, 반복적인 위반행위를 예방하기 위한 조치로서 형벌의 강화는 최후의 수단이 되어야 한다. 심판대상조항은 음주치료나 음주운전 방지장치 도입과 같은 비형벌적 수단에 대한 충분한 고려 없이 과거 위반 전력 등과 관련하여 아무런 제한도 두지 않고 죄질이 비교적 가벼운 유형의 음주운전 또는 음주측정거부 재범행위에 대해서까지 일률적으로 가중처벌하도록 하고 있으므로 형벌 본래의 기능에 필요한 정도를 현저히 일탈하는 과도한 법정형을 정한 것이다.

○ 그러므로 심판대상조항은 책임과 형벌 간의 비례원칙에 위반된다.

★★☆

22. 음주운항 금지규정 위반 전력이 1회 이상 있는 사람이 다시 음주운항을 한 경우 2년 이상 5년 이하의 징역이나 2천만 원 이상 3천만 원 이하의 벌금에 처하도록 규정한 해사안전법 제104조의2 제2항 중 '제41조 제1항을 위반하여 2회 이상 술에 취한 상태에서 선박의 조타기를 조작한 운항자'에 관한 부분은 헌법에 위반된다. 헌재 2022.8.31. 2022헌가10 **위헌**

[음주운항 재범에 대한 가중처벌 사건]

○ 심판대상조항은 음주운항 금지규정 위반 전력이 1회 이상 있는 사람이 다시 음주운항 금지규정 위반행위를 한 경우에 대한 처벌을 강화하기 위한 규정이다. 심판대상조항은 가중요건이 되는 과거의 위반행위와 처벌대상이 되는 음주운항 재범 사이에 아무런 시간적 제한을 두지 않고 있다.

○ 그런데 과거의 위반행위가 상당히 오래 전에 이루어져 그 이후 행해진 음주운항 금지규정 위반행위를 '해상교통법규에 대한 준법정신이나 안전의식이 현저히 부족한 상태에서 이루어진 반규범적 행위' 또는 '반복적으로 사회구성원에 대한 생명·신체 등을 위협하는 행위'라고 평가하기 어렵다면, 이를 가중처벌할 필요성이 인정된다고 보기 어렵다. 그리고 재범에 대하여 가중된 행위책임을 인정할 수 있다고 하더라도, 전범을 이유로 아무런 시간적 제한 없이 후범을 가중처벌하는 예는 발견하기 어렵고, 이는 공소시효나 형의 실효를 인정하는 취지에도 부합하지 않는다. 또한 심판대상조항은 과거 위반 전력의 시기 및 내용이나 음주운항 당시의 혈중알코올농도 수준과 발생한 위험 등을 고려할 때 비난가능성이 상대적으로 낮은 음주운항 행위까지도 법정형의 하한인 2년 이상의 징역 또는 2천만 원 이상의 벌금을 기준으로 처벌하도록 하고 있으므로, 책임과 형벌 사이의 비례성을 인정하기 어렵다.

○ 반복적인 음주운항 금지규정 위반행위에 대한 강한 처벌이 국민일반의 법감정에 부합할 수는 있으나, 결국에는 중한 형벌에 대한 면역성과 무감각이 생기게 되어 범죄예방과 법질서 수호에 실질적인 기여를 하지 못하는 상황이 발생할 수 있으므로, 반복적인 위반행위를 예방하기 위한 조치로서 형벌의 강화는 최후의 수단이 되어야 한다. 심판대상조항은 음주치료나 음주운항 방지장치 도입과 같은 비형벌적 수단에 대한 충분한 고려 없이 과거 위반 전력 등과 관련하여 아무런 제한도 두지 않고 죄질이 비교적 가벼운 유형의 음주운항 행위에 대해서까지 일률적으로 가중처벌하도록 하고 있으므로 형벌 본래의 기능에 필요한 정도를 현저히 일탈하는 과도한 법정형을 정한 것이다.

○ 그러므로 심판대상조항은 책임과 형벌 간의 비례원칙에 위반된다.

★★☆

23 · 음주운전 금지규정 위반 전력이 1회 이상 있는 사람이 다시 음주측정거부를 한 경우 2년 이상 5년 이하의 징역이나 1천만 원 이상 2천만 원 이하의 벌금에 처하도록 규정한 구 도로교통법 제148조의2 제1항 및 도로교통법 제148조의2 제1항 중 각 '제44조 제1항을 1회 이상 위반한 사람으로서 다시 같은 조 제2항을 위반한 사람'에 관한 부분은 책임과 형벌 간의 비례원칙에 위반된다.

헌재 2022.5.26. 2021헌가32,2022헌가3,5 위헌

——— •

[도로교통법 제148조의2 제1항 위헌제청 등]

과거의 위반행위가 상당히 오래 전에 이루어져 그 이후 행해진 음주측정거부행위를 '교통법규에 대한 준법정신이나 안전의식이 현저히 부족한 상태에서 이루어진 반규범적 행위' 또는 '반복적으로 사회구성원에 대한 생명·신체 등을 위협하고 그 위험방지를 위한 경찰작용을 방해한 행위'라고 평가하기 어렵다면, 이를 가중처벌할 필요성이 인정된다고 보기 어렵다. 그리고 범죄 전력이 있음에도 다시 범행한 경우 가중된 행위책임을 인정할 수 있다고 하더라도, 전범을 이유로 아무런 시간적 제한 없이 후범을 가중처벌하는 예는 발견하기 어렵고, 공소시효나 형의 실효를 인정하는 취지에도 부합하지 않는다. 또한 심판대상조항은 과거 위반 전력의 시기 및 내용이나 음주측정거부 당시의 음주 의심 정도와 발생한 위험 등을 고려할 때 비난가능성이 상대적으로 낮은 재범행위까지도 법정형의 하한인 2년 이상의 징역 또는 1천만 원 이상의 벌금을 기준으로 처벌하도록 하고 있어, 책임과 형벌 사이의 비례성을 인정하기 어렵다.

따라서 심판대상조항은 책임과 형벌 간의 비례원칙에 위반된다.

★★☆

24. 음주운전 금지규정 위반 또는 음주측정거부 전력이 1회 이상 있는 사람이 다시 음주운전 금지 규정 위반행위를 한 경우 2년 이상 5년 이하의 징역이나 1천만 원 이상 2천만 원 이하의 벌금 에 처하도록 규정한 도로교통법 제148조의2 제1항 중 '제44조 제1항 또는 제2항을 1회 이상 위반한 사람으로서 다시 같은 조 제1항을 위반한 사람'에 관한 부분은 책임과 형벌 간의 과거 의 위반행위가 상당히 오래 전에 이루어져 그 이후 행해진 음주운전 금지규정 위반행위를 '교 통법규에 대한 준법정신이나 안전의식이 현저히 부족한 상태에서 이루어진 반규범적 행위' 또 는 '반복적으로 사회구성원에 대한 생명·신체 등을 위협하는 행위'라고 평가하기 어렵다면, 이를 가중처벌할 필요성이 인정된다고 보기 어렵다. 그리고 범죄전력이 있음에도 다시 범행한 경우 가중된 행위책임을 인정할 수 있다고 하더라도, 전범을 이유로 아무런 시간적 제한 없이 후범을 가중처벌하는 예는 발견하기 어렵고, 공소시효나 형의 실효를 인정하는 취지에도 부합 하지 않는다. 또한 심판대상조항은 과거 위반 전력의 시기 및 내용이나 음주운전 당시의 혈중 알코올농도 수준과 발생한 위험 등을 고려할 때 비난가능성이 상대적으로 낮은 재범행위까지 도 법정형의 하한인 2년 이상의 징역 또는 1천만 원 이상의 벌금을 기준으로 처벌하도록 하고 있어, 책임과 형벌 사이의 비례성을 인정하기 어렵다. 따라서 심판대상조항은 책임과 형벌 간 의 비례원칙에 위반된다. 　　　　　　　　　　　　　　　헌재 2022.5.26. 2022헌가9 위헌

──●

[도로교통법 제148조의2 제1항 위헌제청]

★★☆

25. 군사기지·군사시설에서 군인 상호간의 폭행죄에 반의사불벌에 관한 형법조항의 적용을 배제 하고 있는 군형법 제60조의6 제1호, 제2호 중 군인이 군사기지·군사시설에서 군인을 폭행한 경우 형법 제260조 제3항을 적용하지 아니하도록 한 부분은 형벌체계상 균형을 상실하여 평 등원칙에 위반되지 않는다. 　　　　　　　　　　　헌재 2022.3.31. 2021헌바62,194 합헌

──●

[군형법 제60조의6 제1호 위헌소원 등]

★★☆

26 · 2회 이상 음주운전 금지규정을 위반한 사람을 2년 이상 5년 이하의 징역이나 1천만 원 이상 2천만 원 이하의 벌금에 처하도록 규정한 구 도로교통법 제148조의2 제1항 중 '제44조 제1항을 2회 이상 위반한 사람'에 관한 부분은 헌법에 위반된다.

헌재 2021.11.25. 2019헌바446 위헌

───•

[1] 심판대상조항은 죄형법정주의의 명확성원칙에 위반된다고 할 수 없다.

[2] 책임과 형벌 간의 비례원칙 위반 여부

예컨대 10년 이상의 세월이 지난 과거 위반행위를 근거로 재범으로 분류되는 음주운전 행위자에 대해서는 책임에 비해 과도한 형벌을 규정하고 있다고 하지 않을 수 없다.

도로교통법 제44조 제1항을 2회 이상 위반한 경우라고 하더라도 죄질을 일률적으로 평가할 수 없고 과거 위반전력, 혈중알코올농도 수준, 운전한 차량의 종류에 비추어, 교통안전 등 보호법익에 미치는 위험 정도가 비교적 낮은 유형의 재범 음주운전행위가 있다. 그런데 심판대상조항은 법정형의 하한을 징역 2년, 벌금 1천만 원으로 정하여 그와 같이 비난가능성이 상대적으로 낮고 죄질이 비교적 가벼운 행위까지 지나치게 엄히 처벌하도록 하고 있으므로, 책임과 형벌 사이의 비례성을 인정하기 어렵다. 그러므로 심판대상조항은 책임과 형벌 간의 비례원칙에 위반된다.

★★☆

27 · 무신고 수출입행위에 대한 필요적 몰수·추징을 규정한 구 관세법상 몰수·추징조항은 책임과 형벌 간의 비례원칙 및 평등원칙에 위반되지 아니하고, 무신고 수출입행위에 대한 필요적 몰수·추징조항의 적용에 있어서 양벌규정이 정한 법인을 범인으로 보는 관세법 조항은 책임과 형벌 간의 비례원칙에 위반되지 아니한다.

2021.7.15. 2020헌바201 합헌

───•

무신고 수출입행위에 대한 필요적 몰수·추징을 규정한 구 관세법 제282조 제2항 본문 및 신고를 하지 아니하고 물품을 수출한 자'에 관한 부분, 구 관세법 제282조 제4항 중 '제269조 제2항 제1호 가운데 제241조 제1항의 신고를 하지 아니하고 물품을 수입한 경우 제282조 제2항·제3항의 적용에 있어서 제279조의 법인을 범인으로 보는 부분' 및 '제269조 제3항 제1호 가운데 제241조 제1항의 신고를 하지 아니하고 물품을 수출한 경우 제282조 제2항·제3항의 적용에 있어서 제279조의 법인을 범인으로 보는 부분'은 헌법에 위반되지 아니한다.

THEME 12 • **사생활의 자유권**

★★☆

28 · ① 피청구인 교도소장이 대한법률구조공단으로부터 청구인에게 발송된 총 7건의 서신 및 국가인권위원회로부터 청구인에게 발송된 1건의 서신을 개봉한 행위, ② 피청구인 교도소장이 교도소에 송달된 수원지방검찰청의 정보공개결정통지서 및 수원지방법원의 판결문 등 총 5건의 문서를 열람한 행위는 청구인의 통신의 자유를 침해하지 않는다.

헌재 2021.9.30. 2019헌마919 기각

가. 형집행법 시행령 제67조에 따라 문서를 열람한 후에는 예외 없이 본인에게 전달하여야 하고, 문서의 내용을 심사하여 전달 여부를 결정할 권한은 갖지 못하므로, 형집행법 시행령 제67조의 '열람'은 구 형집행법 제43조 제4항 단서에 따라 예외적으로 허용되는 '검열'과는 차이가 있다.

나. 수용시설의 안전과 질서 유지라는 공익은 매우 중대한 반면, 서신을 개봉하더라도 그 내용에 대한 검열은 원칙적으로 금지되어 사익 침해가 크지 않으므로, 서신개봉행위는 법익의 균형성도 갖추었다. 따라서 서신개봉행위는 청구인의 통신의 자유를 침해하지 않는다.

관련기출지문

헌재 2019.12.27. 2017헌마413 기각 | 각하 경감승진 22

피청구인 구치소장이 구치소에 수용 중인 수형자에게 온 서신에 '허가 없이 수수되는 물품'인 녹취서와 사진이 동봉되어 있음을 확인하여 서신수수를 금지하고 발신인인 청구인에게 위 물품을 반송한 것은 청구인의 통신의 자유를 침해하지 않는다.

청구인은 관심대상수용자로 지정된 자이고, 서신에 동봉된 녹취서는 청구인이 원고인 민사사건 증인의 증언을 녹취한 소송서류로서 타인의 실명과 개인정보가 기재되어 있다. 한편, 수용자 사이에 사진을 자유롭게 교환할 수 있도록 하는 경우 각종 교정사고가 발생할 가능성이 있다. 이와 같은 점을 종합적으로 고려하면, 이 사건 반송행위는 과잉금지원칙에 위반되어 청구인의 통신의 자유를 침해하지 않는다.

★★☆

29 보안관찰처분대상자가 교도소 등에서 출소한 후 7일 이내에 출소사실을 신고하도록 정한 구 보안관찰법 제6조 제1항 전문 중 출소 후 신고의무에 관한 부분 및 이를 위반할 경우 처벌하도록 정한 보안관찰법 제27조 제2항 중 구 보안관찰법 제6조 제1항 전문 가운데 출소 후 신고의무에 관한 부분은 헌법에 위반되지 않는다. 그러나 변동신고조항 및 이를 위반할 경우 처벌하도록 정한 보안관찰법 제27조 제2항 중 제6조 제2항 전문에 관한 부분은 과잉금지원칙을 위반하여 청구인의 사생활의 비밀과 자유 및 개인정보자기결정권을 침해한다.

헌재 2021.6.24. 2017헌바479   헌법불합치 | 합헌

★★☆

30 소년에 대한 수사경력자료의 보존기간과 삭제에 대하여 규정하면서, 법원에서 불처분결정된 소년부송치 사건에 대하여는 규정하지 않은 구 형실효법 제8조의2 제1항, 제3항 및 현행 형실효법 제8조의2 제1항, 제3항은 과잉금지원칙에 위반하여 당사자의 개인정보자기결정권을 침해한다.

헌재 2021.6.24. 2018헌가2   헌법불합치

법원에서 불처분결정된 소년부송치 사건에 대한 수사경력자료의 보존기간과 삭제에 대하여 규정하지 않은 이 사건 구법 조항은 과잉금지원칙을 위반하여 소년부송치 후 불처분결정을 받은 자의 개인정보자기결정권을 침해한다.

> **관련기출지문**   대판 2016.8.17. 2014다235080   변호사 21
>
> 법률정보 제공 사이트를 운영하는 회사가 공립대학교 법학과 교수의 사진, 성명, 성별, 출생연도, 직업, 직장, 학력, 경력 등 개인정보를 위 법학과 홈페이지 등을 통해 수집하여 위 사이트 내 '법조인' 항목에서 유료로 제공한 경우, 위 회사가 영리 목적으로 개인정보를 수집하여 제3자에게 제공하였더라도 그에 의하여 얻을 수 있는 법적 이익이 정보처리를 막음으로써 얻을 수 있는 정보주체의 인격적 법익에 비하여 우월하므로, 개인정보자기결정권을 침해하는 위법한 행위로 평가할 수 없다. – 법률소비자의 선택의 자료를 제공하기 위한 공익을 고려한 판례로 보인다. [사견]

THEME 13 · **정신적 자유권**

★★★

31 · [1] 변호사법 제23조 제2항 제7호의 위임을 받아 변호사 광고에 관한 구체적인 규제 사항 등을 정한 대한변호사협회의 변호사 광고에 관한 규정은 헌법소원심판의 대상이 되는 공권력의 행사에 해당한다.

[2] 이 시건 규정 제4조 제14호 중 '협회의 유권해석에 반히는 내용의 광고' 부분, 제8조 제2항 제4호 중 '협회의 유권해석에 위반되는 행위를 목적 또는 수단으로 하여 행하는 경우' 부분(이하 '유권해석위반 광고금지규정'이라 한다)은 법률유보원칙에 위반되어 청구인들의 표현의 자유, 직업의 자유를 침해한다.

[3] 이 사건 규정 제5조 제2항 제1호 중 '변호사등과 소비자를 연결' 부분과 제8조 제2항 제2호(이하 '대가수수 직접 연결 금지규정'이라 한다)의 규율대상 이 사건 규정 제5조 제2항 제1호 중 '변호사등을 광고·홍보·소개하는 행위' 부분(이하 '대가수수 광고금지규정'이라 한다)은 과잉금지원칙에 위반되어 청구인들의 표현의 자유, 직업의 자유를 침해한다.

헌재 2022.5.26. 2021헌마619 위헌 | 기각

———— •

[변호사 광고에 관한 규정 제3조 제2항 등 위헌확인]

가. 유권해석위반 광고금지규정은 변호사가 변협의 유권해석에 위반되는 광고를 할 수 없도록 금지하고 있다. 위 규정은 '협회의 유권해석에 위반되는'이라는 표지만을 두고 그에 따라 금지되는 광고의 내용 또는 방법 등을 한정하지 않고 있고, 이에 해당하는 내용이 무엇인지 변호사법이나 관련 회규를 살펴보더라도 알기 어렵다. 유권해석위반 광고금지규정 위반이 징계사유가 될 수 있음을 고려하면 적어도 수범인인 변호사는 유권해석을 통해 금지될 수 있는 내용들의 대강을 알 수 있어야 함에도, 규율의 예측가능성이 현저히 떨어지고 법집행기관의 자의적인 해석을 배제할 수 없는 문제가 있다.

따라서 위 규정은 수권법률로부터 위임된 범위 내에서 명확하게 규율 범위를 정하고 있다고 보기 어려우므로, 법률유보원칙에 위반되어 청구인들의 표현의 자유, 직업의 자유를 침해한다.

나. 법률상담 또는 사건 등을 소개하거나 유인할 목적으로 불특정 다수의 변호사를 동시에 광고·홍보·소개하는 행위도 위 규정에 따라 금지되는 범위에 포함된다고 해석된다. 변호사광고에 대한 합리적 규제는 필요하지만, 광고표현이 지닌 기본권적 성질을 고려할 때 광고의 내용이나 방법적 측면에서 꼭 필요한 한계 외에는 폭넓게 광고를 허용하는 것이 바람직하다. 각종 매체를 통한 변호사 광고를 원칙적으로 허용하는 변호사법 제23조 제1항의 취지에 비추어 볼 때, 변호사등이 다양한 매체의 광고업자에게 광고비를 지급하고 광고하는 것은 허용된다고 할 것인데, 이러한 행위를 일률적으로 금지하는 위 규정은 수단의 적합성을 인정하기 어렵다.

★★★

32 피청구인 대통령의 지시로 피청구인 문화체육관광부장관이 야당 소속 후보를 지지하였거나 정부에 비판적 활동을 한 문화예술인이나 단체를 정부의 문화예술 지원사업에서 배제할 목적으로, ① 청구인 윤◆◆, 정◆◆의 정치적 견해에 관한 정보를 수집·보유·이용한 행위와 ② 한국문화예술위원회, 영화진흥위원회, 한국출판문화산업진흥원 소속 직원들로 하여금 청구인 □□회, △△ 네트워크, 윤◆◆, ▲▲, 주식회사 ★★, 정◆◆을 문화예술인 지원사업에서 배제하도록 한 일련의 지시 행위는 위헌임을 확인한다. <small>헌재 2020.12.23. 2017헌마416</small> `위헌확인`

───·

가. 이 사건 정보수집 등 행위에 대한 판단 - 위헌확인

○ 이 사건 정보수집 등 행위는 그것이 지지 선언 등의 형식으로 공개적으로 이루어진 것이라고 하더라도 여전히 개인정보자기결정권의 보호 범위 내에 속한다.

○ 정부가 문화예술 지원사업에서 배제할 목적으로 문화예술인들의 정치적 견해에 관한 정보를 처리할 수 있도록 수권하는 법령상 근거가 존재하지 않으므로 이 사건 정보수집 등 행위는 법률유보원칙에 위반된다.

○ 나아가, 이 사건 정보수집 등 행위는 청구인들의 정치적 견해를 확인하여 야당 후보자를 지지한 이력이 있거나 현 정부에 대한 비판적 의사를 표현한 자에 대한 문화예술 지원을 차단하는 위헌적인 지시를 실행하기 위한 것으로, 그 목적의 정당성도 인정할 여지가 없어 헌법상 허용될 수 없는 공권력 행사이다.

나. 이 사건 지원배제 지시에 대한 판단 - 위헌확인

집권세력의 정책 등에 대하여 정치적인 반대의사를 표시하는 것은 헌법이 보장하는 정치적 자유의 가장 핵심적인 부분이며, 화자의 특정 견해, 이념, 관점에 근거한 제한은 표현의 자유에 대한 제한 중에서도 가장 심각하고 해로운 제한이다. 그런데 이 사건 지원배제 지시는 법적 근거가 없으며, 그 목적 또한 정부에 대한 비판적 견해를 가진 청구인들을 제재하기 위한 것으로 헌법의 근본원리인 국민주권주의와 자유민주적 기본질서에 반하므로, 청구인들의 표현의 자유를 침해한다.

다. 평등권 침해

청구인들의 정치적 견해를 기준으로 이들을 문화예술계 지원사업에서 배제되도록 한 것은 자의적인 차별행위로서 청구인들의 평등권을 침해한다.

★★★

33 정치자금법상 회계보고된 자료의 열람기간을 3월간으로 정한 정치자금법 제42조 제2항 본문 중 '3월간' 부분은 알권리를 침해하여 헌법에 위반된다. <small>헌재 2021.5.27. 2018헌마1168</small> `위헌`

───·

열람기간을 제한한 것은 위 입법목적을 달성하는 데 기여하는 적합한 수단이다. 정치자금을 둘러싼 분쟁 등의 장기화 방지 및 행정부담의 경감을 위해 기간의 제한 자체는 둘 수 있다고 하더라도, 현행 열람기간이 지나치게 짧다는 점은 명확하다.

★☆☆

34 · 방송편성에 대한 간섭을 금지하는 방송법 제4조 제2항의 '간섭'에 관한 부분 및 그 위반 행위자를 처벌하는 구 방송법 제105조 제1호 중 제4조 제2항의 '간섭'에 관한 부분은 명확성원칙에 위반된다고 볼 수 없다.
헌재 2021.8.31. 2019헌바439 합헌

관련기출지문
헌재 2009.5.28. 2006헌바109 합헌 | 각하 국가7급 17

헌법 제21조 제4항은 "언론·출판은 타인의 명예나 권리 또는 공중도덕이나 사회윤리를 침해하여서는 아니 된다."고 규정하고 있는바, 이는 언론·출판의 자유에 따르는 책임과 의무를 강조하는 동시에 언론·출판의 자유에 대한 제한의 요건을 명시한 규정으로 볼 것이고, 헌법상 표현의 자유의 보호영역 한계를 설정한 것이라고는 볼 수 없기 때문에, 음란표현도 헌법 제21조가 규정하는 언론·출판의 자유의 보호영역에는 해당하되, 다만 헌법 제37조 제2항에 따라 제한할 수 있는 것이다.

★☆☆

35 · 중소기업중앙회 회장선거에 관한 선거운동을 제한하고, 이를 위반하면 형사처벌하는 중소기업협동조합법 제125조 전문 중 제53조 제1항을 준용하는 부분 및 제137조 제2항 중 제125조 전문에서 제53조 제1항을 준용하는 부분은 헌법에 위반되지 않는다.
헌재 2021.7.15. 2020헌가9 합헌

MEMO

경제적 기본권

THEME 14 • **재산권**

★☆☆

36 • 공유물분할청구의 소에 있어서 법원이 경매에 의한 대금분할을 명할 수 있는 요건을 정한 민법 제269조 제2항은 헌법에 위반되지 아니한다. 헌재 2022.7.21. 2020헌바205 합헌

—— •

[공유물분할청구 사건]

★☆☆

37 • ① 전기통신금융사기의 피해자가 피해구제 신청을 하는 경우 사기이용계좌를 지급정지하는 '전기통신금융사기 피해방지 및 피해금 환급에 관한 특별법' 제4조 제1항 제1호는 청구인의 재산권을 침해하지 않고, ② 지급정지가 이루어진 사기이용계좌 명의인의 전자금융거래를 제한하는 구 '전기통신금융사기 피해방지 및 피해금 환급에 관한 특별법' 제13조의2 제1항, '전기통신금융사기 피해방지 및 피해금 환급에 관한 특별법' 제13조의2 제3항은 청구인의 일반적 행동자유권을 침해하지 않는다. 헌재 2022.6.30. 2019헌마579 기각

—— •

[전기통신금융사기의 사기이용계좌에 대한 지급정지 및 전자금융거래 제한에 관한 사건]

★★☆

38 **통일부장관이 2010.5.24. 발표한 북한에 대한 신규투자 불허 및 진행 중인 사업의 투자확대 금지 등을 내용으로 하는 대북조치는 헌법 제23조 제3항 소정의 재산권의 공용제한에 해당하지 않는다. 2010.5.24.자 대북조치로 인하여 재산상 손실을 입은 자에 대한 보상입법을 마련하지 아니한 입법부작위에 대한 심판청구는 부적법하다.** 헌재 2022.5.26. 2016헌마95 **각하**

[입법부작위 위헌확인]

2010.5.24.자 대북조치가 개성공단에서의 신규투자와 투자확대를 불허함에 따라 청구인이 보유한 개성공단 내의 토지이용권을 사용·수익하지 못하게 되는 제한이 발생하기는 하였으나, 이는 개성공단이라는 특수한 지역에 위치한 사업용 재산이 받는 사회적 제약이 구체화된 것일 뿐이므로, 공익목적을 위해 이미 형성된 구체적 재산권을 개별적, 구체적으로 제한하는 헌법 제23조 제3항 소정의 공용 제한과는 구별된다. 그렇다면 2010.5.24.자 대북조치로 인한 토지이용권의 제한은 헌법 제23조 제1항, 제2항에 따라 재산권의 내용과 한계를 정한 것인 동시에 재산권의 사회적 제약을 구체화하는 것으로 볼 수 있다.

★☆☆

39 **사업주체가 공급질서 교란행위를 이유로 주택공급계약을 취소한 경우 선의의 제3자 보호규정을 두고 있지 않는 구 주택법 제39조 제2항은 입법형성권의 한계를 벗어나서 선의의 제3자의 재산권을 침해하지 않는다.** 헌재 2022.3.31. 2019헌가26 **합헌**

[구 주택법 제39조 제2항 위헌제청]

심판대상조항의 입법취지는 주택이 최초로 공급되는 단계부터 투기적 행위 등 공급질서를 교란시키는 행위를 차단함으로써 투명하고 공정한 주택공급 절차를 확립하고, 이를 통해 실수요자 위주의 건전한 주택공급체계의 토대를 형성하는 것이다. 우리나라에서 주택의 공급량은 수요에 비해 부족한 것이 현실이고, 주택법 등이 정한 절차에 따라 공급되는 주택의 가격은 보통 시장가보다 저렴하기 때문에 주택에 대한 투기수요가 상존하고 있다. 실수요자인 무주택 서민들에게 주택이 우선적으로 공급되는 것을 목적으로 하는 주택공급제도의 목표를 달성하기 위해서는, 주택 분양단계에서 그 절차 및 과정이 투명하고 공정하게 운영되는 것이 특히 중요하다. 사업주체가 공급질서 교란자와 체결한 주택공급계약을 취소할 수 있도록 하는 것은 이를 위해 필요하고 적절한 조치이다.

★★★
40. 지방의회의원으로서 받게 되는 보수가 연금에 미치지 못하는 경우에도 연금 전액의 지급을 정지하는 것이 재산권을 과도하게 제한하여 헌법에 위반된다.

헌재 2022.1.27. 2019헌바161 헌법불합치

가. 이 사건 구법 조항은 악화된 연금재정을 개선하여 공무원연금제도의 건실한 유지·존속을 도모하고 연금과 보수의 이중수혜를 방지하기 위한 것으로 입법목적의 정당성과 수단의 적합성이 인정된다. 퇴직공무원의 적정한 생계 보장이라는 공무원연금제도의 취지에 비추어, 연금 지급을 정지하기 위해서는 '연금을 대체할 만한 소득'이 전제되어야 한다. 지방의회의원이 받는 의정비 중 의정활동비는 의정활동 경비 보전을 위한 것이므로, 연금을 대체할 만한 소득이 있는지 여부는 월정수당을 기준으로 판단하여야 한다. 따라서 기본권을 덜 제한하면서 입법목적을 달성할 수 있는 다양한 방법이 있으므로 이 사건 구법 조항은 침해의 최소성 요건을 충족하지 못하고, 법익의 균형성도 충족하지 못한다. 이 사건 구법 조항은 과잉금지원칙에 위배되어 청구인들의 재산권을 침해하므로 헌법에 위반된다.

나. 종래 이와 견해를 달리하여 이 사건 구법 조항이 헌법에 위반되지 아니한다고 판시한 헌법재판소 결정(헌재 2017.7.27. 2015헌마1052)은 이 결정 취지와 저촉되는 범위 안에서 이를 변경한다.

★★★
41. [1] 대구교육대학교 총장임용후보자선거에서 후보자가 제1차 투표에서 최종 환산득표율의 100분의 15 이상을 득표한 경우에만 기탁금의 반액을 반환하도록 하고 나머지 기탁금은 발전기금에 귀속되도록 규정한 '대구교육대학교 총장임용후보자 선정규정' 제24조 제2항은 헌법에 위반된다.
[2] 위 선거에서 후보자가 되려는 사람은 1,000만 원의 기탁금을 납부하도록 규정한 같은 규정 제23조 제1항 제2호 및 제24조 제1항은 헌법에 위반되지 않는다.

헌재 2021.12.23. 2019헌마825 위헌 | 기각

가. 이 사건 기탁금귀속조항에 대한 판단 – 위헌

반환되지 않는 기탁금은 대구교육대학교의 선거관리비용과 무관한 발전기금에 귀속되므로, 이렇게 엄격한 기탁금 귀속 제도가 선거의 운영에 반드시 필요하다고 할 수도 없다. 후보자가 총장임용후보자로 선정되거나 일정한 비율의 표를 획득한 경우에는 기탁금 전액을 반환하도록 하는 등, 이 사건 기탁금귀속조항의 기탁금 반환 조건을 현재보다 완화하더라도 충분히 후보자의 난립을 방지하고 후보자의 성실성을 확보할 수 있으므로, 이 사건 기탁금귀속조항은 침해의 최소성을 갖추지 못하였다. 이와 같이 이 사건 기탁금귀속조항은 후보자가 성실성이나 노력 여하를 막론하고 기탁금의 절반은 반환받을 수 없도록 하고, 나머지 금액의 반환 조건조차 지나치게 까다롭게 규정하고 있으므로, 과잉금지원칙에 위반되어 청구인의 재산권을 침해한다.

나. 이 사건 기탁금납부조항에 대한 판단 - 기각

　　이 사건 기탁금납부조항은 선거의 과열 방지 및 후보자의 성실성 확보에 기여하는 반면, 이 사건 기탁금납부조항이 규정하는 일천만 원이라는 기탁금액이 후보자가 되려는 사람이 납부할 수 없을 정도로 과다하다거나 입후보 의사를 단념케 할 정도로 과다하다고 할 수 없다. 이를 종합하면, 이 사건 기탁금납부조항은 과잉금지원칙에 위반되지 아니한다.

★★☆

42 · 상가건물 임대차의 계약갱신요구권 행사 기간을 5년에서 10년으로 연장하면서, 이를 개정법 시행 후 갱신되는 임대차에 대하여도 적용하도록 규정한 '상가건물 임대차보호법' 부칙 제2조 중 '갱신되는 임대차'에 관한 부분은 헌법에 위반되지 않는다.

헌재 2021.10.28. 2019헌마106 합헌

───·

　　이 사건 부칙조항은 아직 진행과정에 있는 사안을 규율대상으로 하는 부진정소급입법에 해당한다. 따라서 이 사건 부칙조항은 소급입법에 의한 재산권침해에 해당하지 아니한다. 신뢰보호원칙에 위배되어 재산권을 침해하지 않는다.

★☆☆

43· 면세유류 관리기관인 수협이 관리 부실로 인하여 면세유류 구입카드등을 잘못 교부·발급한 경우 해당 석유류에 대한 부가가치세 등 감면세액의 100분의 20에 해당하는 금액을 가산세로 징수하도록 규정한 각 구 조세특례제한법 제106조의2 제11항 제2호 중 '면세유류 관리기관인 조합' 가운데 '수산업협동조합법에 따른 조합'에 관한 부분은 모두 헌법에 위반되지 아니한다.

헌재 2021.7.15. 2018헌바338 [합헌]

★☆☆

44· 농지 소유자로 하여금 원칙적으로 농지의 위탁경영을 할 수 없도록 한 농지법 제9조는 헌법에 위반되지 않는다.

헌재 2020.5.27. 2018헌마362 [기각]

───·

헌법이 제정 시부터 현행 헌법에 이르기까지 농지소유에 관한 원칙으로 경자유전의 원칙을 규정한 것은 전근대적인 토지소유관계를 청산하고, 투기자본의 유입으로 인하여 발생할 수 있는 농업경영 불안정과 같은 사회적 폐해를 방지함으로써 건전한 국민경제의 발전을 이루기 위한 것이다. ⋯ 그러므로 위탁경영 금지조항은 청구인의 재산권을 침해하지 않는다.

중요기출지문 헌재 2020.11.26. 2019헌바131 [헌법불합치] [국회8급 21]

환매권의 발생기간을 제한하고 있는 '공익사업을 위한 토지 등의 취득 및 보상에 관한 법률' 제91조 제1항 중 '토지의 협의취득일 또는 수용의 개시일부터 10년 이내에' 부분은 재산권을 침해한다.

──·

가. 토지수용 등 절차를 종료하였다고 하더라도 공익사업에 해당 토지가 필요 없게 된 경우에는 토지수용 등의 헌법상 정당성이 장래를 향하여 소멸한 것이므로, 이러한 경우 종전 토지소유자가 소유권을 회복할 수 있는 권리인 환매권은 헌법이 보장하는 재산권의 내용에 포함되는 권리이다. 환매권의 발생기간을 제한한 것은 사업시행자의 지위나 이해관계인들의 토지이용에 관한 법률관계 안정, 토지의 사회경제적 이용 효율 제고, 사회 일반에 돌아가야 할 개발이익이 원소유자에게 귀속되는 불합리 방지 등을 위한 것인데, 그 입법목적은 정당하고 이와 같은 제한은 입법목적 달성을 위한 유효적절한 방법이라 할 수 있다. ⋯ 다른 나라의 입법례에 비추어 보아도 발생기간을 제한하지 않거나 더 길게 규정하면서 행사기간 제한 또는 토지에 현저한 변경이 있을 때 환매거절권을 부여하는 등 보다 덜 침해적인 방법으로 입법목적을 달성하고 있다. 이 사건 법률조항은 침해의 최소성 원칙에 어긋난다.
나. 이 사건의 쟁점은 이 사건 법률조항이 환매권 발생기간을 '취득일로부터 10년 이내'로 제한하여 청구인들의 헌법상 재산권을 침해하는지 여부이다. 청구인들은 평등권 침해 주장도 하고 있으나 이는 청구인들의 재산권이 다른 경우에 비하여 과도하게 제한된다는 것이어서 재산권 침해 여부를 심사하는 과정에서 함께 판단되므로 별도로 판단하지 않는다.

중요기출지문　　　　　　　　　　　　　　헌재 2019.2.28. 2017헌마432 `기각` `경감승진 22`

국민연금법상 연금수급권 내지 연금수급기대권이 재산권의 보호대상인 사회보장적 급여라고 한다면 사망일시금은 사회보험의 원리에서 다소 벗어난 장제부조적·보상적 성격을 갖는 급여로 사망일시금은 헌법상 재산권에 해당하지 아니하므로, 이 사건 사망일시금 한도 조항이 청구인들의 재산권을 제한한다고 볼 수 없다.

중요기출지문　　　　　　　　　헌재 2018.1.28. 2016헌마541 `헌법불합치(계속적용)` `입법고시 20`

지역구국회의원 예비후보자의 기탁금 반환 사유를 예비후보자의 사망, 당내경선 탈락으로 한정하고 있는 공직선거법 제57조 제1항 제1호 다목 중 지역구국회의원선거와 관련된 부분은 재산권을 침해한다.

— •

(1) 목적의 정당성 및 수단의 적합성은 인정된다.

　　예비후보자가 후보자로 등록하지 않는 경우에 납부한 기탁금을 국가 또는 지방자치단체에 귀속하는 것을 원칙으로 하되, 예비후보자의 무분별한 난립으로 인한 위와 같은 폐단을 방지하고 그 성실성을 담보하기 위한 것으로서 그 입법목적이 정당하고, 방법의 적정성 또한 인정된다.

(2) 침해의 최소성원칙에 위반된다.

　　예비후보자가 본선거의 정당후보로 등록하려 하였으나 자신의 의사와 관계없이 정당 공천관리위원회의 심사에서 탈락하여 본선거의 후보자로 등록하지 아니한 것은 후보자 등록을 하지 못할 정도에 이르는 객관적이고 예외적인 사유에 해당한다. 따라서 이러한 사정이 있는 예비후보자가 납부한 기탁금은 반환되어야 함에도 불구하고, 심판대상조항이 예비후보자에게 기탁금을 반환하지 아니하는 것은 입법형성권의 범위를 벗어난 과도한 제한이라고 할 수 있다.

중요기출지문　　　　　　　　　　　　　　헌재 2008.6.26. 2005헌마173 `기각` `경감승진 22`

청구인이 잠수기어업허가를 받아 키조개 등을 채취하는 직업에 종사한다고 하더라도 이는 원칙적으로 자신의 계획과 책임하에 행동하면서 법제도에 의하여 반사적으로 부여되는 기회를 활용하는 것에 불과하므로 잠수기어업허가를 받지 못하여 상실된 이익 등 청구인 주장의 재산권은 헌법 제23조에서 규정하는 재산권의 보호범위에 포함된다고 볼 수 없다.

중요기출지문　　　　　　　　　　　　　　헌재 2005.7.21. 2004헌바57 `합헌` `경감승진 22`

헌법이 보장하고 있는 재산권은 경제적 가치가 있는 모든 공법상·사법상의 권리를 뜻하며, 사적 유용성 및 그에 대한 원칙적인 처분권을 내포하는 재산가치 있는 구체적인 권리를 의미한다. 이 사건 조항은 통하여 인정되는 '수용청구권'은 사적유용성을 지닌 것으로서 재산의 사용, 수익, 처분에 관계되는 법적 권리이므로 헌법상 재산권에 포함된다고 볼 것이다. 다만, 불법적인 사용의 경우에 인정되는 수용청구권'이란 재산권은 존재하지 않으므로, 이 사건 조항이 그러한 재산권을 제한할 수는 없다.

THEME 15 · **직업선택의 자유**

★★☆

45 · 의료인이 아닌 사람도 문신시술을 업으로 행할 수 있도록 그 자격 및 요건을 법률로 정할 입법의무는 인정되지 않는다. 의료인이 아닌 자의 문신시술업을 금지하고 처벌하는 의료법 제27조 제1항 본문 전단과 '보건범죄 단속에 관한 특별조치법' 제5조 제1호 중 의료법 제27조 제1항 본문 전단에 관한 부분은 청구인들의 직업선택의 자유를 침해하지 않는다.

헌재 2022.3.31. 2021헌마1213,1385 | 기각 | 각하 |

[의료법 제27조 제1항 본문 전단 위헌확인 등]

★★☆

46 · 접촉차단시설이 설치되지 않은 장소에서 수용자와 접견할 수 있는 예외 대상의 범위에 소송대리인이 되려는 변호사를 포함시키지 않은 구 '형의 집행 및 수용자의 처우에 관한 법률 시행령' 제58조 제4항 제2호는 변호사인 청구인의 직업수행의 자유를 침해하지 않으므로 헌법에 위반되지 않는다.

헌재 2022.2.24. 2018헌마1010 | 각하 | 기각 |

[1] 제한되는 기본권
심판대상조항은 소송대리인이 되려고 하는 변호사인 청구인이 접촉차단시설이 설치된 장소에서 일반접견의 형태로 수용자를 접견하도록 하여, 소송사건의 수임단계에서 자유로운 의사소통을 하며 업무를 진행할 수 없게 함으로써 직업수행의 자유를 제한한다.

[2] 직업수행의 자유 침해 여부
소송대리인이 되려는 변호사의 수용자 접견의 주된 목적은 소송대리인 선임 여부를 확정하는 것이고 소송준비와 소송대리 등 소송에 관한 직무활동은 소송대리인 선임 이후에 이루어지는 것이 일반적이므로 소송대리인 선임 여부를 확정하기 위한 단계에서는 접촉차단시설이 설치된 장소에서 접견하더라도 그 접견의 목적을 수행하는 데 필요한 의사소통이 심각하게 저해될 것이라고 보기 어렵다.

★☆☆

47 · 방치폐기물 처리이행보증보험계약의 갱신명령을 불이행한 건설폐기물 처리업자의 허가를 취소하는 '건설폐기물의 재활용촉진에 관한 법률' 제25조 제1항 제4호의2는 헌법에 위반되지 않는다.

헌재 2022.2.24. 2019헌바184 합헌

★★☆

48 · 게임 내에서 사용되는 가상의 화폐로서 대통령령이 정하는 게임머니 등과 같이 일정한 기준에 해당하는 게임결과물에 대한 환전업 등을 금지하고 처벌하는, '게임산업진흥에 관한 법률' 제32조 제1항 제7호, 구 '게임산업진흥에 관한 법률' 제44조 제1항 제2호 중 제32조 제1항 제7호에 관한 부분 및 '게임산업에 진흥에 관한 법률' 제44조 제1항 제2호 중 제32조 제1항 제7호에 관한 부분은 헌법에 위반되지 않는다.

헌재 2022.2.24. 2017헌바438 합헌

─ •

이 사건 법률조항들은 과잉금지원칙을 위반하여 청구인들의 직업수행의 자유를 침해한다고 볼 수 없다.

★☆☆

49 · 지역아동센터 시설별 신고정원의 80% 이상을 돌봄취약아동으로 구성하도록 정한 보건복지부 지침 '2019년 지역아동센터 지원 사업안내' 부분은 청구인 운영자들의 직업수행의 자유 및 청구인 아동들의 인격권을 침해하지 않는다. 　　헌재 2022.1.27. 2019헌마583 　기각

───・

이 사건 이용아동규정의 취지는 지역아동센터 이용에 있어서 돌봄취약아동과 일반아동을 분리하려는 것이 아니라 돌봄취약아동에게 우선권을 부여하려는 것으로서, 돌봄취약아동이 일반아동과 함께 초·중등학교를 다니고 방과 후에도 다른 돌봄기관을 이용할 선택권이 보장되고 있는 이상, 설령 이 사건 이용아동규정에 따라 돌봄취약아동이 일반아동과 교류할 기회가 다소 제한된다고 하더라도 그것만으로 청구인 아동들의 인격 형성에 중대한 영향을 미친다고 보기는 어렵다. 이 사건 이용아동규정은 과잉금지원칙에 위반하여 청구인 운영자들의 직업수행의 자유 및 청구인 아동들의 인격권을 침해하지 않는다.

★☆☆

50 · 외국인근로자의 사업장 변경 사유를 제한하는 외국인근로자의 고용 등에 관한 법률 제25조 제1항, 구 외국인근로자의 책임이 아닌 사업장변경 사유 제4조 및 제5조는 기본권을 침해하지 않는다. 　　헌재 2021.12.23. 2020헌마395 　기각 | 각하

───・

외국인 고용허가를 받은 사용자가 노동력을 안정적으로 확보하고 외국인근로자를 효율적으로 관리하며 고용허가제의 취지에 맞게 제도를 운영하기 위해서, 외국인근로자의 사업장 변경 사유를 제한하는 것은 명백히 불합리하다고 볼 수 없다고 하였다.

★☆☆

51 · 차액가맹금을 정의하면서 '적정한 도매가격'이라는 불확정 개념을 사용하고 있기는 하나, 심판대상조항의 문언적 의미, 입법목적과 취지 및 가맹사업법과 그 시행령의 관련조항 등을 종합하면, 차액가맹금에 해당하는 '적정한 도매가격을 넘는 대가'란 가맹본부가 해당 가맹사업을 운영하는 과정에서 가맹본부가 가맹점사업자에게 가맹본부 또는 가맹본부가 지정한 자와 거래할 것을 강제 또는 권장하여 공급받는 품목과 관련하여 얻는 이익을 의미한다고 할 것이므로, '적정한 도매가격'이 불명확하여 법집행 당국이 차액가맹금과 관련하여 자의적인 법해석 또는 집행을 할 가능성이 있다고 볼 수 없다. 따라서 심판대상조항은 명확성원칙을 위배하여 가맹본부 청구인들의 직업수행의 자유를 침해한다고 볼 수 없다.

헌재 2021.10.28. 2019헌마288 기각 | 각하

★★★

52 · 소송사건의 대리인인 변호사가 수용자를 접견하고자 하는 경우 소송계속 사실을 소명할 수 있는 자료를 제출하도록 요구하고 있는 '형의 집행 및 수용자의 처우에 관한 법률 시행규칙' 제29조의2 제1항 제2호 중 '수형자 접견'에 관한 부분은 변호사인 청구인의 직업수행의 자유를 침해하여 헌법에 위반된다.

헌재 2021.10.28. 2018헌마60 위헌

───── •

○ 심판대상조항은 소송계속 사실 소명자료를 제출하지 못하는 경우 변호사접견이 아니라 일반접견만 가능하도록 규정하고 있어 변호사인 청구인의 직업수행의 자유를 제한한다.

○ 심판대상조항은 소송계속 사실 소명자료를 제출하도록 규정하여 집사변호사가 접견권을 남용하여 수형자와 접견하는 것을 방지하고자 하나, 집사변호사라면 소제기 여부를 진지하게 고민할 필요가 없으므로 얼마든지 불필요한 소송을 제기하고 변호사접견을 이용할 수 있다. 집사변호사를 고용하는 수형자 역시 소송의 승패와 상관없이 변호사를 고용할 확실한 동기가 있고 이를 위한 자력이 있는 경우가 보통이므로 손쉽게 변호사접견을 이용할 수 있다. 그에 반해 진지하게 소제기 여부 및 변론 방향을 고민해야 하는 변호사라면 일반접견만으로는 수형자에게 충분한 조력을 제공하기가 어렵고, 수형자 역시 소송의 승패가 불확실한 상황에서 접견마저 충분하지 않다면 변호사를 신뢰하고 소송절차를 진행하기가 부담스러울 수밖에 없다. 따라서 심판대상조항은 수단의 적합성이 인정되지 아니한다.

○ 심판대상조항은 과잉금지원칙에 위배되어 변호사인 청구인의 직업수행의 자유를 침해한다.

★☆☆

53 • '영업주체 혼동행위'를 부정경쟁행위로 정의하고 있는 '부정경쟁방지 및 영업비밀보호에 관한 법률' 제2조 제1호 나목은 헌법에 위반되지 않는다. 헌재 2021.9.30. 2019헌바217 **합헌**

★★☆

54 • 변호사의 자격이 있는 자에게 더 이상 세무사 자격을 자동으로 부여하지 않는 구 세무사법, 이 사건 법률조항의 시행일과 변호사의 세무사 자격에 관한 경과조치를 정하고 있는 세무사법 부칙 제1조 중 세무사법 제3조에 관한 부분 및 제2조는 헌법에 위반되지 않는다. 헌재 2021.7.15. 2018헌마279 **기각**

★☆☆

55 자연인 안경사는 법인을 설립하여 안경업소를 개설할 수 없고, 법인은 안경업소를 개설할 수 없으며, 이를 위반한 경우 이 사건 처벌조항에 의하여 형사처벌되는 심판대상조항은 과잉금지 원칙에 반하지 아니하여 자연인 안경사와 법인의 직업의 자유를 침해하지 아니한다.

헌재 2021.6.24. 2017헌가31 합헌

───•

자연인 안경사는 법인을 설립하여 안경업소를 개설할 수 없고, 법인은 안경업소를 개설할 수 없으며, 이를 위반한 경우 이 사건 처벌조항에 의하여 형사처벌되므로, 심판대상조항은 자연인 안경사와 법인의 직업의 자유를 제한한다. 그러므로 심판대상조항이 헌법 제37조 제2항의 과잉금지원칙에 반하여 직업의 자유를 침해하는지 여부가 문제된다. 한편, 사안과 가장 밀접한 관계에 있고 또 침해의 정도가 큰 주된 기본권인 직업의 자유 침해 여부를 심사하는 이상 결사의 자유 침해 여부는 별도로 판단하지 않는다.

THEME 16 • 소비자의 권리

중요기출지문   대판 2013.3.14. 2010도410 경찰승진 20

특정한 사회 경제적 또는 정치적 대의나 가치를 주장 옹호하거나 이를 진작시키기 위한 수단으로 선택한 소비자 불매운동은 헌법상 보호받을 수 있다.

──•

소비자가 구매력을 무기로 상품이나 용역에 대한 자신들의 선호를 시장에 실질적으로 반영하기 위한 집단적 시도인 소비자불매운동은 본래 '공정한 가격으로 양질의 상품 또는 용역을 적절한 유통구조를 통해 적절한 시기에 안전하게 구입하거나 사용할 소비자의 제반 권익을 증진할 목적'에서 행해지는 소비자보호운동의 일환으로서 헌법 제124조를 통하여 제도로서 보장되나, 그와는 다른 측면에서 일반 시민들이 특정한 사회, 경제적 또는 정치적 대의나 가치를 주장·옹호하거나 이를 진작시키기 위한 수단으로서 소비자불매운동을 선택하는 경우도 있을 수 있고, 이러한 소비자불매운동 역시 반드시 헌법 제124조는 아니더라도 헌법 제21조에 따라 보장되는 정치적 표현의 자유나 헌법 제10조에 내재된 일반적 행동의 자유의 관점 등에서 보호받을 가능성이 있으므로, 단순히 소비자불매운동이 헌법 제124조에 따라 보장되는 소비자보호운동의 요건을 갖추지 못하였다는 이유만으로 이에 대하여 아무런 헌법적 보호도 주어지지 아니한다거나 소비자불매운동에 본질적으로 내재되어 있는 집단행위로서의 성격과 대상 기업에 대한 불이익 또는 피해의 가능성만을 들어 곧바로 형법 제314조 제1항의 업무방해죄에서 말하는 위력의 행사에 해당한다고 단정하여서는 아니 된다.

CONSTITUTION

기본권론

정치적 기본권

★★★

56 ∙ 누구든지 일정 기간 동안 선거에 영향을 미치게 하기 위한 광고물 설치·진열·게시, 표시물 착용을 할 수 없도록 하고, 이에 위반한 경우 처벌하도록 한 공직선거법 제90조 제1항 제1호 중 '그 밖의 광고물 설치·진열·게시'에 관한 부분, 같은 항 제2호 중 '그 밖의 표시물 착용'에 관한 부분 및 공직선거법 제256조 제3항 제1호 아목 중 '제90조 제1항 제1호의 그 밖의 광고물 설치·진열·게시, 같은 항 제2호의 그 밖의 표시물 착용'에 관한 부분은 헌법에 합치되지 아니한다. 헌재 2022.7.21. 2017헌가1 **헌법불합치**

[선거에 영향을 미치게 하기 위한 시설물 설치 등 금지 사건]

○ 심판대상조항은 선거에서의 균등한 기회를 보장하고(헌법 제116조 제1항), 선거의 공정성을 확보하기 위한 것으로서 정당한 입법목적 달성을 위한 적합한 수단에 해당한다.

○ 심판대상조항이 선거의 과열로 인한 무분별한 흑색선전, 허위사실유포나 비방 등을 방지하기 위한 불가피한 수단에 해당한다고 보기도 어렵다. 이를 종합하면, 심판대상조항은 목적 달성에 필요한 범위를 넘어 광고물의 설치·진열·게시 및 표시물의 착용을 통한 정치적 표현을 장기간 동안 포괄적으로 금지·처벌하는 것으로서 침해의 최소성을 충족하지 못한다.

○ 심판대상조항으로 인하여 일반 유권자나 후보자가 받게 되는 정치적 표현의 자유에 대한 제약은 매우 크다. 한편, 심판대상조항은 선거의 공정성을 해치는 것이 명백하다고 볼 수 없는 정치적 표현까지 금지·처벌하고 있고, 이러한 범위 내에서 심판대상조항으로 인하여 달성되는 공익이 그보다 중대하다고 볼 수 없다. 따라서 심판대상조항은 법익의 균형성에도 위배된다.

○ 그렇다면 심판대상조항은 과잉금지원칙에 반하여 정치적 표현의 자유를 침해하므로 헌법에 위반된다.

★★★
57 · 누구든지 선거운동기간 중 표시물을 사용하여 선거운동을 할 수 없도록 하고, 이에 위반한 경우 처벌하도록 한 공직선거법 제68조 제2항 및 제255조 제1항 제5호 중 '제68조 제2항'에 관한 부분은 모두 헌법에 합치되지 아니한다. 헌재 2022.7.21. 2017헌가4 헌법불합치

——— •

[표시물 사용 선거운동 금지 사건]

○ 심판대상조항은 선거에서의 균등한 기회를 보장하고(헌법 제116조 제1항), 선거의 공정성을 확보하기 위한 것으로서 정당한 입법목적 달성을 위한 적합한 수단에 해당한다.

○ 공직선거법상 후보자 비방 금지나 허위사실공표 금지 규정 등이 이미 존재함에 비추어 보면, 심판대상조항이 선거의 과열로 인한 무분별한 흑색선전, 허위사실유포나 비방 등을 방지하기 위한 불가피한 수단에 해당한다고 보기도 어렵다. 이를 종합하면, 심판대상조항은 목적 달성에 필요한 범위를 넘어 표시물을 사용한 선거운동을 포괄적으로 금지·처벌하는 것으로서 침해의 최소성을 충족하지 못한다.

★★★
58 · ① 공직선거법 제90조 제1항 제1호 중 '현수막, 그 밖의 광고물 설치·게시'에 관한 부분, 같은 항 제2호 중 '그 밖의 표시물 착용'에 관한 부분, 공직선거법 제256조 제3항 제1호 아목 중 '제90조 제1항 제1호의 현수막, 그 밖의 광고물 설치·게시, 같은 항 제2호의 그 밖의 표시물 착용'에 관한 부분, ② 공직선거법 제93조 제1항 본문 중 '벽보 게시, 인쇄물 배부·게시'에 관한 부분 및 제255조 제2항 제5호 중 '제93조 제1항 본문의 벽보 게시, 인쇄물 배부·게시'에 관한 부분은 모두 헌법에 합치되지 아니하고, ◎ 공직선거법 규정에 의한 공개장소에서의 연설·대담장소 또는 대담·토론회장에서 연설·대담·토론용으로 사용하는 경우를 제외하고는 선거운동을 위하여 확성장치를 사용할 수 없도록 하고, 이를 위반할 경우 처벌하도록 한 공직선거법 제91조 제1항 및 구 공직선거법 제255조 제2항 제4호 중 '제91조 제1항의 규정에 위반하여 확성장치를 사용하여 선거운동을 한 자' 부분은 헌법에 위반되지 않는다. 헌재 2022.7.21. 2017헌바100 헌법불합치 | 합헌

—— •

[현수막, 그 밖의 광고물 설치·게시, 그 밖의 표시물 착용, 벽보 게시, 인쇄물 배부·게시, 확성장치사용을 금지하는
공직선거법 조항 사건]

● 시설물설치 등 금지조항에 대한 판단

○ 시설물설치 등 금지조항은 선거일 전 180일부터 선거일까지 선거에 영향을 미치게 하기 위하여 현수막이나 그
밖의 광고물을 설치·게시하거나, 그 밖의 표시물을 착용하는 행위를 금지·처벌하고 있다. 시설물설치 등 금지
조항은 선거에서의 균등한 기회를 보장하고(헌법 제116조 제1항), 선거의 공정성을 확보하기 위한 것으로서 정
당한 입법목적 달성을 위한 적합한 수단에 해당한다.

○ 시설물설치 등 금지조항은 후보자의 정치적 표현의 자유를 광범위하게 제한할 뿐 아니라, 후보자에 비하여 선거
운동의 허용영역이 상대적으로 좁은 일반 유권자에 대하여는 더욱 광범위하게 정치적 표현의 자유를 제한한다.
또한 선거가 순차적으로 맞물려 돌아가는 현실에 비추어 보면, 선거일 전 180일부터 선거일까지 장기간 동안 선
거에 영향을 미치게 하기 위한 광고물의 설치·게시 및 표시물의 착용을 금지·처벌하는 시설물설치 등 금지조항
은 당초의 입법취지에서 벗어나 선거와 관련한 국민의 자유로운 목소리를 상시적으로 억압하는 결과를 초래할
수 있다. 현수막과 광고물, 표시물 등에 투입되는 비용에 따라 홍보 효과에 상당한 차이가 발생할 수 있고, 이에
따라 결과적으로 선거에서의 기회 불균형이 야기될 수도 있으나, 이러한 문제는 선거비용 규제 등을 통하거나,
매체의 종류, 규격, 이용 방법, 비용 등을 제한하는 수단을 통해 방지할 수 있다. 또한 공직선거법상 후보자 비방
금지나 허위사실공표 금지 규정 등이 이미 존재함에 비추어 보면, 시설물설치 등 금지조항이 선거의 과열로 인
한 무분별한 흑색선전, 허위사실유포나 비방 등을 방지하기 위한 불가피한 수단에 해당한다고 보기도 어렵다.
이를 종합하면, 시설물설치 등 금지조항은 목적 달성에 필요한 범위를 넘어 현수막, 그 밖의 광고물의 설치·진
열·게시 및 표시물의 착용을 통한 정치적 표현을 장기간 동안 포괄적으로 금지·처벌하는 것으로서 침해의 최소
성을 충족하지 못한다.

○ 시설물설치 등 금지조항은 선거의 공정성을 해치는 것이 명백하다고 볼 수 없는 정치적 표현까지 금지·처벌하
고 있어, 그로 유권자나 후보자가 받게 되는 정치적 표현의 자유에 대한 제약은 매우 크다. 한편, 이러한 범위
내에서 시설물설치 등 금지조항으로 인하여 달성되는 공익이 그보다 중대하다고 볼 수 없다. 따라서 시설물설치
등 금지조항은 법익의 균형성에도 위배된다.

○ 그렇다면 시설물설치 등 금지조항은 과잉금지원칙에 반하여 정치적 표현의 자유를 침해한다.

● 인쇄물배부 등 금지조항에 대한 판단
인쇄물배부 등 금지조항은 과잉금지원칙에 반하여 정치적 표현의 자유를 침해한다.

● 확성장치사용 금지조항에 대한 판단
확성장치사용 금지조항은 과잉금지원칙에 반하여 정치적 표현의 자유를 침해하지 않는다.

★★★
59. ① 공직선거법 제103조 제3항 중 '누구든지 선거기간 중 선거에 영향을 미치게 하기 위하여 그 밖의 집회나 모임을 개최할 수 없다' 부분, ② 구 공직선거법 제256조 제2항 제1호 카목 가운데 ① 조항 부분, ③ 공직선거법 제256조 제3항 제1호 카목 가운데 ① 조항 부분은, 집회의 자유, 정치적 표현의 자유를 침해하여 헌법에 위반된다.

헌재 2022.7.21. 2018헌바164 위헌

───•

[선거기간 중 선거에 영향을 미치게 하기 위한 집회나 모임(향우회·종친회·동창회·단합대회·야유회가 아닌 것에 한정) 개최 금지 사건]

'모임을 개최할 수 없다' 부분(이하 '심판대상조항'이라 한다)이 헌법에 위반되는지 여부이다.

● **죄형법정주의의 명확성원칙 위배 여부 - 소극**
○ 공직선거법 제103조 제3항은 금지되는 행위를 '향우회·종친회·동창회·단합대회 또는 야유회, 그 밖의 집회나 모임'의 개최라고 규정하고 있으므로, 심판대상조항은 향우회·종친회·동창회·단합대회 또는 야유회 등과 유사한 것인지 여부를 불문하고, '향우회·종친회·동창회·단합대회 또는 야유회'를 제외한 '모든 집회나 모임'의 개최를 금지하는 것이 명확하다.
○ 그렇다면 심판대상조항은 죄형법정주의의 명확성원칙에 위배되지 않는다.

● **집회의 자유, 정치적 표현의 자유 침해 여부 - 적극**
○ 집회의 자유는 집단적 의견표명의 자유로서, 민주국가에서 정치의사 형성에 참여할 수 있는 기회를 제공하고, 사회·정치현상에 대한 불만과 비판이나 집권세력에 대한 정치적 반대의사를 공개적으로 표출하게 함으로써 정치적 불만이 있는 자를 사회에 통합하고 정치적 안정에 기여하며, 소수집단의 권익과 주장을 옹호하기 위한 적절한 수단을 제공한다. 이러한 의미에서 헌법이 집회의 자유를 보장한 것은 관용과 다양한 견해가 공존하는 다원적인 '열린사회'에 대한 헌법적 결단이다.
○ 정치적 표현의 자유는 단순히 개인의 자유인 것에 그치는 것이 아니고 피치자가 스스로 지배기구에 참가한다고 하는 자치정체(自治政體)의 이념을 근간으로 하는 것으로, 자유민주적 기본질서의 구성요소로서 현대 자유민주주의의 존립과 발전에 필수불가결한 기본권이다.
  국민이 선거와 관련하여 정당 또는 후보자에 대한 지지·반대의 의사를 포함하여 선거의 쟁점이 된 정책이나 후보자의 행적 등에 대한 다양한 견해를 표시하는 것은, 정치적 표현의 자유 행사의 한 형태로서 국민주권 행사의 일환이자 민주사회를 구성하고 움직이게 하는 중요한 요소이다.
○ 심판대상조항은 선거운동의 부당한 경쟁, 후보자들 사이의 경제력 차이에 따른 불균형이라는 폐해를 막고, 선거의 공정성과 평온성을 침해하는 탈법적인 행위를 차단하여 선거의 평온과 공정을 해하는 결과의 발생을 방지함으로써 선거의 자유와 공정을 보장하려는 것이므로, 입법목적의 정당성과 수단의 적합성이 인정된다.
○ 심판대상조항의 입법목적은 '집회 및 시위에 관한 법률', 선거비용 제한·보전 제도, 기부행위 금지, 과도한 비용이 발생하거나 금전적 이익이 집회 참여의 대가로 수수되는 집회나 모임의 개최만을 한정적으로 금지하는 방법, 허위사실유포 등을 직접 처벌하는 공직선거법 규정 등으로 달성할 수 있다.
○ 심판대상조항은 선거의 공정이나 평온에 대한 구체적인 위험이 없는 경우에까지도 특정한 사실이나 견해를 표명하는 것을 금지하고 억압하여, 규제가 불필요하거나 또는 예외적으로 허용하는 것이 가능한 경우에도, 선거기간 중의 선거에 영향을 미치게 하기 위한 일반 유권자의 집회나 모임을 일률적·전면적으로 금지하고 있으므로 침해의 최소성에 반한다.
○ 심판대상조항은 선거에서의 기회 균등 및 선거의 공정성을 해치는 것이 명백하다고 볼 수 없는 집회나 모임의 개최, 정치적 표현까지 금지·처벌하고 있고, 이러한 범위 내에서 심판대상조항으로 인하여 달성할 수 있는 공익

의 정도가 중대하다고 볼 수 없다. 나아가 후보자 및 그 관계자는 지금도 공개장소에서의 연설·대담 등을 통하여 사실상 집회나 모임의 방법으로 선거운동을 할 수 있는 상황에서, 심판대상조항이 달성하려는 공익은 더욱 불분명하다.

○ 반면 심판대상조항이 구체적인 집회나 모임의 상황을 고려하여 상충하는 법익 사이의 조화를 이루려는 노력을 전혀 기울이지 않고서, 일반 유권자가 선거에 영향을 미치게 하기 위한 집회나 모임을 개최하는 것을 전면적으로 금지함에 따라, 사실상 선거와 관련된 집단적 의견표명 일체가 불가능하게 됨으로써 일반 유권자가 받게 되는 집회의 자유, 정치적 표현의 자유에 대한 제한 정도는 매우 중대하다.

따라서 심판대상조항은 법익의 균형성에도 위배된다.

○ 심판대상조항은 과잉금지원칙에 반하여 집회의 자유, 정치적 표현의 자유를 침해한다. − 위헌

○ 종전에 헌법재판소가 이 결정과 견해를 달리해, '누구든지 선거기간 중 선거에 영향을 미치게 하기 위하여 단합대회 또는 야유회 기타의 집회를 개최할 수 없고 그에 위반하여 각종집회등을 개최하거나 하게 한 자를 처벌하던' 구 '공직선거 및 선거부정방지법'(2000.2.16. 법률 제6265호로 개정되고, 2004.3.12. 법률 제7189호로 개정되기 전의 것) 제256조 제2항 제1호 카목 중 제103조 제2항 부분이 헌법에 위반되지 아니한다고 판시한 헌재 2001.12.20. 2000헌바96등 결정은, 이 결정과 저촉되는 '기타의 집회'에 관한 범위 내에서 변경한다.

★★★

60 · [1] ① 공직선거법 제103조 제3항 중 '누구든지 선거기간 중 선거에 영향을 미치게 하기 위하여 그 밖의 집회나 모임을 개최할 수 없다' 부분, ② 공직선거법 제256조 제3항 제1호 카목 가운데 ① 조항 부분은, 집회의 자유, 정치적 표현의 자유를 침해하여 헌법에 위반된다.

[2] ① 공직선거법 제90조 제1항 제1호 중 '현수막, 그 밖의 광고물 게시'에 관한 부분, 공직선거법 제256조 제3항 제1호 아목 중 '제90조 제1항 제1호의 현수막, 그 밖의 광고물 게시'에 관한 부분, ② 공직선거법 제93조 제1항 본문 중 '광고, 문서·도화 첩부·게시'에 관한 부분 및 제255조 제2항 제5호 중 '제93조 제1항 본문의 광고, 문서·도화 첩부·게시'에 관한 부분은 모두 헌법에 합치되지 아니하고, ③ 공직선거법 규정에 의한 공개장소에서의 연설·대담장소 또는 대담·토론회장에서 연설·대담·토론용으로 사용하는 경우를 제외하고는 선거운동을 위하여 확성장치를 사용할 수 없도록 하고, 이를 위반할 경우 처벌하도록 한 공직선거법 제91조 제1항 및 구 공직선거법 제255조 제2항 제4호 중 '제91조 제1항의 규정에 위반하여 확성장치를 사용하여 선거운동을 한 자' 부분은 헌법에 위반되지 않는다.

헌재 2022.7.21. 2018헌바357 위헌 | 헌법불합치 | 합헌

[집회나 모임(향우회·종친회·동창회·단합대회·야유회가 아닌 것에 한정) 개최, 현수막 그 밖의 광고물 게시, 광고, 문서·도화 첩부·게시, 확성장치사용을 금지하는 공직선거법 조항 사건]

● 집회개최 금지조항에 대한 판단

○ 집회개최 금지조항은 선거의 공정과 평온의 확보라는 입법목적 달성을 위하여 반드시 필요한 최소한의 범위를 넘어서 선거기간 중의 선거에 영향을 미치게 하기 위한 일반 유권자의 집회나 모임을 일률적·전면적으로 금지하고 있으므로 침해의 최소성에 반한다.

○ 집회개최 금지조항은 선거에서의 기회 균등 및 선거의 공정성을 해치는 것이 명백하다고 볼 수 없는 집회나 모임의 개최, 정치적 표현까지 금지·처벌하고 있고, 이러한 범위 내에서 집회개최 금지조항으로 인하여 달성할 수 있는 공익의 정도가 중대하다고 볼 수 없다. 반면 집회개최 금지조항이 일반 유권자가 선거에 영향을 미치게 하기 위한 집회나 모임을 개최하는 것을 전면적으로 금지함에 따라 일반 유권자가 받게 되는 집회의 자유, 정치적 표현의 자유에 대한 제한 정도는 매우 중대하므로, 집회개최 금지조항은 법익의 균형성에도 위배된다.

○ 그렇다면 집회개최 금지조항은 과잉금지원칙에 반하여 집회의 자유, 정치적 표현의 자유를 침해한다.

● 시설물설치 등 금지조항에 대한 판단

○ 시설물설치 등 금지조항은 선거의 공정성을 해치는 것이 명백하다고 볼 수 없는 정치적 표현까지 금지·처벌하고 있고, 그로 인하여 유권자나 후보자가 받게 되는 정치적 표현의 자유에 대한 제약은 매우 크다. 한편, 이러한 범위 내에서 시설물설치 등 금지조항으로 인하여 달성되는 공익이 그보다 중대하다고 볼 수 없으므로, 시설물설치 등 금지조항은 법익의 균형성에도 위배된다.

○ 그렇다면 시설물설치 등 금지조항은 과잉금지원칙에 반하여 정치적 표현의 자유를 침해한다.

● 문서·도화게시 등 금지조항에 대한 판단

○ 문서·도화게시 등 금지조항은 선거에서의 균등한 기회를 보장하고(헌법 제116조 제1항), 선거의 공정성을 확보하기 위한 것으로서 정당한 입법목적 달성을 위한 적합한 수단에 해당한다.

○ 문서·도화게시 등 금지조항은 목적 달성에 필요한 범위를 넘어 광고, 문서·도화의 첩부·게시를 통한 정치적 표현을 장기간 동안 포괄적으로 금지·처벌하고 있으므로 침해의 최소성에 반한다.

○ 문서·도화게시 등 금지조항은 선거의 공정성을 해치는 것이 명백하다고 볼 수 없는 정치적 표현까지 금지·처벌하고 있고, 그로 인하여 유권자나 후보자가 받게 되는 정치적 표현의 자유에 대한 제약은 매우 크다. 한편, 이러한 범위 내에서 문서·도화게시 등 금지조항으로 인하여 달성되는 공익이 그보다 중대하다고 볼 수 없으므로, 문서·도화게시 등 금지조항은 법익의 균형성에도 위배된다.

○ 그렇다면 문서·도화게시 등 금지조항은 과잉금지원칙에 반하여 정치적 표현의 자유를 침해한다.

● 확성장치사용 금지조항에 대한 판단

○ 확성장치를 이용한 선거운동은 필연적으로 소음이 유발되고, 이는 다수의 사람들이 건강하고 쾌적한 환경에서 생활할 권리에 직접적인 영향을 미치며, 확성장치의 사용을 제한 없이 허용할 경우 경쟁적인 사용에 따라 소음이 증폭되어 피해를 확산시킬 수 있다. 확성장치사용 금지조항은 이러한 점을 고려하여 공직선거법의 규정에 의한 공개장소에서의 연설·대담장소 또는 대담·토론장에서 연설·대담·토론용으로 사용하는 경우를 제외하고는 선거운동을 위한 확성장치사용을 금지하고, 이를 위반할 경우 처벌하고 있다. 확성장치사용 금지조항은 입법목적의 정당성과 수단의 적합성이 인정된다.

○ 확성장치에 의해 기계적으로 유발되는 소음은 자연적으로 발생하는 생활소음에 비하여 상대적으로 큰 피해를 유발할 가능성이 높고, 일반 국민의 생업에 지장을 초래할 수도 있고, 모든 종류의 공직선거 때마다 확성장치로 인한 소음을 감내할 것을 요구한다면 선거 전반에의 혐오감을 야기시킬 우려가 있다. 반면, 선거운동에서 다소 전통적인 수단이라 할 수 있는 확성장치의 사용을 규제한다고 하더라도 후보자로서는 보다 접근이 용이한 다른 선거운동방법을 활용할 수 있으므로, 확성장치의 사용 규제가 과도한 제한이라고 보기 어렵다. 나아가 확성장치의 출력수나 사용시간을 규제하는 입법은 확성장치사용 자체를 제한하는 방안과 동등하거나 유사한 효과가 있다고 볼 수도 없다. 확성장치사용 금지조항은 침해의 최소성에 어긋나지 않는다.

○ 선거운동 과정에서 확성장치 사용으로 인한 소음을 규제하여 국민의 건강하고 쾌적한 환경에서 생활할 권리를 보호한다는 공익은 확성장치의 사용을 제한함으로써 제한받는 정치적 표현의 자유보다 작다고 할 수 없다. 확성장치사용 금지조항은 법익의 균형성에도 반하지 않는다.

○ 그렇다면 확성장치사용 금지조항은 과잉금지원칙에 반하여 정치적 표현의 자유를 침해하지 않는다.

★★★

61 · 서울교통공사의 상근직원이 당원이 아닌 자에게도 투표권을 부여하는 당내경선에서 경선운동을 할 수 없도록 하고 위반행위를 처벌하는, 공직선거법 제57조의6 제1항 본문의 '제60조 제1항 제5호 중 제53조 제1항 제6호 가운데 지방공기업법 제2조에 규정된 지방공사인 서울교통공사의 상근직원'에 관한 부분 및 같은 법 제255조 제1항 제1호 중 위 해당부분은 헌법에 위반된다.

헌재 2022.6.30. 2021헌가24 [위헌]

—— •

[지방공사 상근직원의 경선운동 금지 사건]

○ 심판대상조항이 '당원이 아닌 자'에게도 투표권을 부여하여 실시하는 당내경선에서 서울교통공사의 상근직원에 대하여 경선운동을 금지하고 그 위반행위를 처벌하는 것은 당내경선의 형평성과 공정성을 확보하기 위한 것으로 정당한 목적 달성을 위한 적합한 수단이다.

○ 설령 위와 같은 공직선거법 규정들만으로 당내경선의 형평성과 공정성을 확보하기 부족하더라도, 서울교통공사 상근직원이 그 지위를 이용하여 경선운동을 하는 행위를 금지·처벌하는 규정을 두는 것은 별론으로 하고, 당원이 아닌 자에게도 투표권을 부여하여 실시하는 당내경선에서 서울교통공사 상근직원의 경선운동을 일률적으로 금지·처벌하는 것은 정치적 표현의 자유를 과도하게 제한하는 것이다. 따라서 심판대상조항은 침해의 최소성에 위반된다.

비교판례지문   헌재 2021.4.29. 2019헌가11 [위헌]

광주광역시 □□공단의 상근직원이 당원이 아닌 자에게도 투표권을 부여하는 당내경선에서 경선운동을 할 수 없도록 금지·처벌하는 공직선거법 부분은 정치적 표현의 자유를 침해하므로 헌법에 위반된다.

— •

목적의 정당성 및 수단의 적합성이 인정된다. 그럼에도 불구하고 심판대상조항이 직급에 따른 업무의 내용과 수행하는 개별 구체적인 직무의 성격에 대한 검토 없이 모든 상근직원의 경선운동을 금지하고 이에 위반한 경우 처벌하는 것은 정치적 표현의 자유를 지나치게 제한하는 것이다.

관련기출지문   헌재 2018.2.22. 2015헌바124 [위헌] [국가7급 18]

한국철도공사의 상근직원은 공직선거법의 다른 조항에 의하여 직무상 행위를 이용하여 선거운동을 하거나 하도록 하는 행위를 할 수 없고 선거에 영향을 미치는 전형적인 행위도 할 수 없다 더욱이, 그 직을 유지한 채 공직선거에 입후보할 수 없는 상근임원과 달리 한국철도공사의 상근직원은 그 직을 유지한 채 공직선거에 입후보하여 자신을 위한 선거운동을 할 수 있음에도 타인을 위한 선거운동을 전면적으로 금지하는 것은 과도한 제한이다 따라서 심판대상조항은 선거운동의 자유를 침해한다.

★☆☆

62 공직선거법 제256조 제1항 제5호 중 제108조 제11항 제2호의 선거범죄로 100만 원 이상의 벌금형의 선고를 받고 그 형이 확정된 후 5년을 경과하지 아니한 자는 선거권이 없다고 규정한 공직선거법 제18조 제1항 제3호 중 제256조 제1항 제5호 가운데 제108조 제11항 제2호의 선거범죄를 범한 자로서 100만 원 이상의 벌금형의 선고를 받고 그 형이 확정된 후 5년을 경과하지 아니한 자에 관한 부분은 청구인들의 선거권을 침해하지 않는다. 선거에 관한 여론조사의 결과에 영향을 미치게 하기 위하여 둘 이상의 전화번호를 착신전환 등의 조치를 하여 같은 사람이 두 차례 이상 응답하는 행위 또는 이를 지시·권유·유도하는행위를 구성요건으로 하는 범죄(이하 이를 '착신전환 등을 통한 중복 응답 등 범죄'라 한다)로서 이러한 방식으로 여론조사가 시행되면 여론조사 결과에 진정한 유권자의 의사를 반영하지 못하여 선거의 공정성을 해칠 우려가 있다. 선거의 공정성을 담보하기 위해서는 착신전환 등을 통한 중복 응답 등 범죄를 한 사람에 대한 선거권 제한이 필요하다. 선거권제한조항은 착신전환 등을 통한 중복 응답 등 범죄로 100만 원 이상의 벌금형의 선고를 받고 형이 확정된 후 5년이 경과하지 아니한 경우에 선거권을 제한하여 그 대상과 기간이 제한적이다. 법원이 벌금 100만 원 이상의 형을 선고한다면, 여기에는 피고인의 행위가 선거의 공정을 침해할 우려가 높다는 판단과 함께 피고인의 선거권을 일정 기간 박탈하겠다는 판단이 포함되어 있다고 보아야 한다. 선거권 제한을 통하여 달성하려는 선거의 공정성 확보라는 공익이 선거권을 행사하지 못함으로써 침해되는 개인의 사익보다 크다. 따라서 선거권제한조항은 선거권을 침해하지 아니한다.

헌재 2022.3.31. 2019헌마986 `기각`

[공직선거법 제266조 제1항 등 위헌확인]

★★★

63 선거운동기간을 제한하고 이를 위반한 사전선거운동을 형사처벌하도록 규정한 구 공직선거법 제59조 중 선거운동기간 전에 개별적으로 대면하여 말로 하는 선거운동에 관한 부분, 공직선거법 제254조 제2항 중 '그 밖의 방법'에 관한 부분 가운데 개별적으로 대면하여 말로 하는 선거운동을 한 자에 관한 부분은 헌법에 위반된다.

헌재 2022.2.24. 2018헌바146 `위헌`

1. 이 사건 처벌조항의 죄형법정주의 명확성원칙 위반 여부

'그 밖의 방법' 또한 불확정적인 개념이기는 하나, 이 사건 처벌조항이 예로 들고 있는 방법은 모두 특정 후보자의 당선 또는 낙선을 위하여 활용되는 선거운동의 유형에 해당하므로, '그 밖의 방법'이 선거운동의 개념표지를 갖춘 모든 방법을 뜻하는 것임을 충분히 알 수 있다. 따라서 이 사건 처벌조항은 죄형법정주의의 명확성원칙에 위반되지 아니한다.

2. 심판대상조항의 선거운동 등 정치적 표현의 자유 침해 여부

가. 이 사건 선거운동기간조항

이 사건 선거운동기간조항은 선거의 과열경쟁으로 인한 사회·경제적 손실을 방지하고 후보자 간의 실질적인 기회균등을 보장하기 위하여 선거운동기간을 제한하고 있는바, 이러한 입법목적은 정당하고 수단의 적정성 또한 인정된다. 그러므로 이 사건 선거운동기간조항이 선거운동기간을 제한하는 것 자체가 정치적 표현의 자유를 과도하게 제한한다고 보기 어렵다.

이 사건 선거운동기간조항은 그 입법목적을 달성하는 데 지장이 없는 선거운동방법, 즉 돈이 들지 않는 방법으로서 후보자 간 경제력 차이에 따른 불균형 문제나 사회·경제적 손실을 초래할 위험성이 낮은 개별적으로 대면하여 말로 지지를 호소하는 선거운동까지 포괄적으로 금지함으로써 선거운동 등 정치적 표현의 자유를 과도하게 제한하고 있고, 기본권 제한과 공익목적 달성 사이에 법익의 균형성도 갖추지 못하였다. 결국 이 사건 선거운동기간조항 중 각 선거운동기간 전에 개별적으로 대면하여 말로 하는 선거운동에 관한 부분은 과잉금지원칙에 반하여 선거운동 등 정치적 표현의 자유를 침해한다.

나. 이 사건 처벌조항

개별적으로 대면하여 말로 하는 선거운동을 한 자는 이 사건 선거운동기간조항에서 규정하지 않은 '그 밖의 방법'으로 선거운동을 한 경우에 해당하여 처벌될 것인데, 앞서 살펴본 바와 같이 개별적으로 대면하여 말로 하는 선거운동을 예외적으로 허용하지 않은 것이 선거운동 등 정치적 표현의 자유를 침해하므로, 이 사건 처벌조항 중 '그 밖의 방법'에 관한 부분 가운데 개별적으로 대면하여 말로 하는 선거운동을 한 자에 관한 부분 또한 선거운동 등 정치적 표현의 자유를 침해한다.

위와 같은 문제의식을 바탕으로 헌법재판소가 심판대상조항 중 일부를 주문과 같이 위헌으로 결정함에 따라, 심판대상조항 중 그 일부(개별적으로 대면하여 말로 지지를 호소하는 방법의 선거운동에 대한 선거운동기간 제한과 처벌)에 대한 효력은 종전의 합헌결정(헌재 2016.6.30. 2014헌바253)이 있었던 날의 다음 날인 2016.7.1.로 소급하여 효력을 상실하게 되었다.

★★★

64 · 공직선거법 제218조의16 제3항 중 '재외투표기간 개시일 전에 귀국한 재외선거인등'에 대해 선거권을 인정하지 않는 것은 헌법에 합치되지 아니한다.

헌재 2022.1.27. 2020헌마895 **헌법불합치**

심판대상조항으로 인해 청구인은 제21대 국회의원선거에 관해 재외투표기간 개시일 이후에 귀국하였다는 이유로 선거일에 국내에서 투표를 할 수 없게 된바, 이는 청구인의 선거권을 제한한다. 심판대상조항은 형식적으로 재외선거인등의 선거권 자체를 부정하고 있지는 않지만, 사실상 재외선거인등의 선거권을 부정하는 것과 다름없는 결과를 초래할 수 있다. 따라서 심판대상조항이 재외선거인등의 선거권을 침해하는지 여부는 과잉금지원칙에 따라 심사한다. 재외투표기간 개시일 전에 귀국한 사람에 한하여 국내에서 투표할 수 있도록 한 것은 입법목적을 위한 적합한 수단이다. 재외투표기간 개시일에 임박하여 또는 재외투표기간 중에 재외선거사무 중지결정이 있었고 그에 대한 재개결정이 없었던 예외적인 경우 재외투표기간 개시일 이후에 귀국한 재외선거인등의 귀국투표를 허용하여 재외선거인등의 선거권을 보장하면서도 중복투표를 차단하여 선거의 공정성을 훼손하지 않을 수 있는 대안이 존재하므로, 심판대상조항은 침해의 최소성 원칙에 위배된다.

THEME 19 • **정당의 자유와 정당제도**

★☆☆

65 • "누구든지 2 이상의 정당의 당원이 되지 못한다."라고 규정하고 있는 정당법 제42조 제2항은 정당의 당원인 청구인들의 정당 가입·활동의 자유를 침해하지 않는다.

헌재 2022.3.31. 2020헌마1729 기각

[정당법 제42조 제2항 등 위헌확인]

★★☆

66 • 사회복무요원이 정당이나 그 밖의 정치단체에 가입하는 등 정치적 목적을 지닌 행위를 금지한 병역법 제33조 제2항 본문 제2호 중 '그 밖의 정치단체에 가입하는 등 정치적 목적을 지닌 행위'에 관한 부분은 헌법에 위반된다.

헌재 2021.11.25. 2019헌마534 위헌

가. 이 사건 법률조항 중 '정당'에 관한 부분 – 합헌

이 부분의 입법목적은 사회복무요원의 정치적 중립성을 유지하고 업무전념성을 보장하기 위한 것으로 정당하며, 사회복무요원의 정당가입을 금지하는 것은 입법목적을 달성하는 적합한 수단이다.

나. 이 사건 법률조항 중 '그 밖의 정치단체에 가입하는 등 정치적 목적을 지닌 행위'에 관한 부분 – 위헌

○ 이 사건 법률조항은 '정치적 목적을 지닌 행위'의 의미를 개별화·유형화 하지 않으며, 앞서 보았듯 '그 밖의 정치 단체'의 의미가 불명확하므로 이를 예시로 규정하여도 '정치적 목적을 지닌 행위'의 불명확성은 해소되지 않는다. 그렇다면 이 부분은 명확성원칙에 위배된다.

○ 정치적 목적을 지닌 행위를 금지함으로써 사회복무요원의 정치적 중립성을 유지하며 업무전념성을 보장하고자 하는 이 부분의 입법목적은 정당하나, 사회복무요원의 정치적 중립성 보장과 아무런 관련이 없는 단체에 가입하는 등의 사회적 활동까지 금지하므로 수단의 적합성이 인정되지 않는다.

★★☆

67 · 선거권자의 연령을 선거일 현재를 기준으로 산정하도록 규정한 공직선거법 제17조에 대한 심판청구를 기각하는 결정을 선고하였다.

헌재 2021.9.30. 2018헌마300 **기각**

헌법 제24조는 선거권연령의 구분을 입법자에게 위임하고 있다. 선거권연령의 구분이 입법자의 몫이라 하여도 선거권연령에 이르지 못한 국민들과 선거권연령에 이른 국민들 사이에 차별취급이 발생하므로, 이에 관한 입법은 기본권 보장이라는 헌법의 기본이념과 연령에 의한 선거권제한을 인정하는 보통선거제도의 취지에 따라 합리적인 이유와 근거에 기해 합목적적으로 이루어져야 하고, 자의적 입법은 허용될 수 없다.

★★☆

68 · 공무원으로서 선거에서 특정정당·특정인을 지지하기 위하여 타인에게 정당에 가입하도록 권유 운동을 한 경우 형사처벌하도록 규정한 국가공무원법 조항(정당가입권유금지조항)은 헌법에 위반되지 않는다. 공무원으로서 당내경선에서 경선운동을 한 경우 형사처벌하도록 규정하고, 당내경선에서 법이 허용하지 아니한 방법으로 경선운동을 한 경우 형사처벌하도록 규정하며, 국회의원 후보자가 되고자 하는 자로 하여금 일정 범위의 기부행위를 금지하고 이를 위반한 경우 형사처벌하도록 규정하고, 선거범죄 등과 다른 죄의 경합범에 대하여 분리 선고하도록 규정한 공직선거법 조항들(경선운동금지조항, 경선운동방법조항, 기부행위금지조항, 분리선고조항)은 헌법에 위반되지 않는다.

헌재 2021.8.31. 2018헌바149 **합헌**

정당가입권유금지조항은 명확성원칙에 위반되지 아니한다. 정당가입권유금지조항은 과잉금지원칙에 반하여 청구인의 정치적 표현의 자유를 침해하지 아니한다.

중요기출지문   헌재 2014.12.19. 2013헌다1   통합진보당해산   변호사 21

헌법 제8조 제4항의 민주적 기본질서 개념은 정당해산결정의 가능성과 긴밀히 결부되어 있다. 이 민주적 기본질서의 외연이 확장될수록 정당해산결정의 가능성은 확대되고, 이와 동시에 정당 활동의 자유는 축소될 것이다. 민주 사회에서 정당의 자유가 지니는 중대한 함의나 정당해산심판제도의 남용가능성 등을 감안한다면, 헌법 제8조 제4항의 민주적 기본질서는 최대한 엄격하고 협소한 의미로 이해해야 한다.

따라서 민주적 기본질서를 현행 헌법이 채택한 민주주의의 구체적 모습과 동일하게 보아서는 안 된다. 정당이 위에서 본 바와 같은 민주적 기본질서, 즉 민주적 의사결정을 위해서 필요한 불가결한 요소들과 이를 운영하고 보호하는 데 필요한 최소한의 요소들을 수용한다면, 현행 헌법이 규정한 민주주의 제도의 세부적 내용에 관해서는 얼마든지 그와 상이한 주장을 개진할 수 있는 것이다.

마찬가지로, 민주적 기본질서를 부정하지 않는 한 정당은 각자가 옳다고 믿는 다양한 스펙트럼의 이념적인 지향을 자유롭게 추구할 수 있다. 오늘날 정당은 자유민주주의 이념을 추구하는 정당에서부터 공산주의 이념을 추구하는 정당에 이르기까지 그 이념적 지향점이 매우 다양하므로, 어떤 정당이 특정 이념을 표방한다 하더라도 그 정당의 목적이나 활동이 앞서 본 민주적 기본질서의 내용들을 침해하는 것이 아닌 한 그 특정 이념의 표방 그 자체만으로 곧바로 위헌적인 정당으로 볼 수는 없다. 정당해산 여부를 결정하는 문제는 결국 그 정당이 표방하는 정치적 이념이 무엇인지가 아니라 그 정당의 목적이나 활동이 민주적 기본질서에 위배되는지 여부에 달려있기 때문이다.

THEME 20 • 공무담임권과 직업공무원제도

★☆☆

69 • 공무원이 징계처분을 받은 경우 대통령령등으로 정하는 기간 동안 승진임용 및 승급을 제한하는 국가공무원법 제80조 제6항 본문은 포괄위임금지원칙에 위반되지 않는다. 공무원이 감봉처분을 받은 경우 12월간 승진임용을 제한하는 이 사건 법률조항 중 '승진임용'에 관한 부분 및 공무원임용령 제32조 제1항 제2호 나목은 공무담임권을 침해하지 않는다. 공무원이 감봉처분을 받은 경우 12월간 승급을 제한하는 이 사건 법률조항 중 '승급'에 관한 부분 및 공무원보수규정 제14조 제1항 제2호 나목, 정근수당을 지급하지 않는 '공무원수당 등에 관한 규정' 제7조 제2항 중 '감봉처분을 받은 공무원'에 관한 부분은 재산권을 침해하지 않는다.

헌재 2022.3.31. 2020헌마211   기각 | 각하

[국가공무원법 제80조 제6항 등 위헌확인]

이 사건 법률조항의 문언상 의미와 입법취지 및 관련 조항 전체를 유기적·체계적으로 종합하여 고려하면, 이 사건 법률조항의 위임을 받은 대통령령등에는 강등·정직·감봉·견책이라는 징계의 종류 또는 징계사유에 따라 개별 징계처분의 취지를 담보할 정도의 승진임용 또는 승급 제한기간이 규정될 것을 예측할 수 있다. 위 조항은 포괄위임금지원칙에 위배된다고 할 수 없다.

중요기출지문   헌재 1998.4.30. 96헌마7 [기각] [경감승진 21]

자격정지 이상의 선고유예를 받고 그 선고유예기간 중에 있는 자에 대하여 당연퇴직을 규정하고 있는 경찰공무원법 규정은 헌법에 위반되지 않는다.

—•

범죄행위로 인하여 형사처벌을 받은 경찰공무원에게 그에 상응하는 신분상의 불이익을 과하는 것은 국민의 신뢰손상 방지, 원활한 경찰권의 행사 등 국민전체의 이익을 위해 불가피하고, 자격정지 이상의 선고유예판결을 받은 경우 그러한 범죄의 중대성 및 경찰공무원 신분의 중대성에 비추어 볼 때 이 사건 규정이 입법자의 재량을 일탈하여 공무담임권, 재산권 및 행복추구권을 침해하는 위헌의 법률조항이라 할 수 없다.

중요기출지문   헌재 2004.9.23. 2004헌가12 [위헌] [경감승진 22]

경찰공무원이 자격정지 이상의 형의 선고유예를 받은 경우 공무원직에서 당연퇴직하도록 규정하고 있는 이 사건 법률조항은 자격정지 이상의 선고유예 판결을 받은 모든 범죄를 포괄하여 규정하고 있을 뿐만 아니라 심지어 오늘날 누구에게나 위험이 상존하는 교통사고 관련범죄 등 과실범의 경우마저 당연퇴직의 사유에서 제외하지 않고 있으므로 최소침해성의 원칙에 반한다. 또한, 오늘날 사회국가 원리에 입각한 공직제도의 중요성이 강조되면서 개개 공무원의 공무담임권 보장의 중요성은 더욱 큰 의미를 가지고 있다. 일단 공무원으로 채용된 공무원을 퇴직시키는 것은 공무원이 장기간 쌓은 지위를 박탈해 버리는 것이므로 같은 입법목적을 위한 것이라고 하여도 당연퇴직 사유를 임용결격사유와 동일하게 취급하는 것은 타당하다고 할 수 없다. 따라서 이 사건 법률조항은 헌법 제25조의 공무담임권을 침해한 위헌 법률이다.

MEMO

청구권적 기본권

THEME 21 • 청구권적 기본권

THEME 22 • 청원권

★★☆

70 • 전문가나 전문가 집단의 로비활동은 적극적으로 권장할 사항으로 보인다. 그러나 금전적 대가를 받는 알선 내지 로비활동을 합법적으로 보장할 것인지 여부는 그 시대 국민의 법 감정이나 사회적 상황에 따라 달라진다고 보아야 한다. … 다원화되고 있는 현대사회에서 국가기관 등의 정책결정 및 집행과정에 로비스트와 같은 중개자나 알선자를 통해 자신의 의견이나 자료를 제출할 수 있도록 허용한다면, 국민은 언제나 이러한 의견 전달통로를 이용해 국정에 참여할 수 있을 것이므로 국민주권의 상시화가 이루어질 수 있을 것이다. 그러나 금전적 대가를 받는 알선 내지 로비활동을 합법적으로 보장할 것인지 여부는 그 시대 국민의 법 감정이나 사회적 상황에 따라 입법자가 판단할 사항으로, … 공무원의 직무에 속한 사항의 알선에 관하여 금품 등을 수수하는 모든 행위를 형사처벌하고 있다고 하더라도 이것이 청원권이나 일반적 행동자유권을 침해하는 것으로 볼 수 없다. 헌재 2005.11.24. 2003헌바108 **기각**

[로비스트의 허용 여부]

THEME 23 • **재판청구권**

★★☆

71 별건으로 공소제기 후 확정되어 검사가 보관하고 있는 서류에 대하여 법원의 열람·등사 허용 결정이 있었음에도 검사가 청구인에 대한 형사사건과의 관련성을 부정하면서 해당 서류의 열람·등사를 허용하지 아니한 행위는 청구인의 신속하고 공정한 재판을 받을 권리와 변호인의 조력을 받을 권리를 침해한 것이므로 헌법에 위반된다. 헌재 2022.6.30. 2019헌마356 위헌확인

[법원이 열람·등사 허용 결정을 하였음에도 검사가 열람·등사를 거부한 행위의 위헌확인 사건]

이 사건과 같은 유형의 침해행위가 앞으로도 반복될 가능성이 크고, 이 사건 쟁점에 대한 헌법적 해명은 헌법질서의 수호를 위하여 매우 긴요하다고 할 수 있으므로, 청구인에 대한 주관적 권리보호의 이익이 소멸하였다고 하더라도 이 사건 심판청구에 있어서는 심판청구의 이익이 여전히 존재한다.

★★★

72 19세 미만 성폭력범죄 피해자의 진술이 수록된 영상물에 관하여 조사 과정에 동석하였던 신뢰관계인 등이 그 성립의 진정함을 인정한 경우 이를 증거로 할 수 있도록 정한, '성폭력범죄의 처벌 등에 관한 특례법' 제30조 제6항 중 '제1항에 따라 촬영한 영상물에 수록된 피해자의 진술은 공판준비기일 또는 공판기일에 조사 과정에 동석하였던 신뢰관계에 있는 사람 또는 진술조력인의 진술에 의하여 그 성립의 진정함이 인정된 경우에 증거로 할 수 있다' 부분 가운데 19세 미만 성폭력범죄 피해자에 관한 부분은 과잉금지원칙을 위반하여 청구인의 공정한 재판을 받을 권리를 침해한다. 헌재 2021.12.23. 2018헌바524 위헌

[1] 심판대상조항이 조사 과정에 동석하였던 신뢰관계인 등의 성립인정 진술이 있는 경우에도 영상물에 수록된 미성년 피해자 진술의 증거능력이 인정될 수 있도록 하여 위 피해자에 대한 법정에서의 조사와 신문을 최소화할 수 있도록 한 것은, 일응 이러한 목적달성에 기여할 수 있다 할 것이므로, 수단의 적합성도 인정된다.

[2] 피해의 최소성

성폭력범죄의 특성상 영상물에 수록된 미성년 피해자 진술이 사건의 핵심 증거인 경우가 적지 않고, 이러한 진술증거에 대한 탄핵의 필요성이 인정됨에도 심판대상조항은 그러한 주요 진술증거의 왜곡이나 오류를 탄핵할 수 있는 효과적인 방법인 피고인의 반대신문권을 보장하지 않고 있으며, 이를 대체할 만한 수단도 마련하고 있지 못하다. 즉, 영상물에 수록된 미성년 피해자의 진술은, 범행 과정 등을 촬영한 영상증거가 아니라, 수사과정에서 피고인의 참여 없이 이루어진 미성년 피해자의 답변을 녹화한 진술증거이다. 그러므로 영상물이 제공할 수 있는 제한적인 정보 및 그 형성과정 등을 고려할 때, 영상물이 미성년 피해자의 진술 장면을 그대로 재현할 수 있다 하더라도, 그러한 사정만으로 위 증거가 반대신문을 통한 검증의 필요성이 적은 증거방법이라 할 수 없고, 위 영상물의 내용을 바탕으로 한 탄핵만으로 피고인의 반대신문권의 역할을 대체하기에도 일정한 한계가 존재할 수밖에 없다. 또한, 조사 과정에 동석하였던 신뢰관계인 등은 범행 과정 등을 직접 경험하거나 목격한 사람이 아니므로, 그에 대한 반대신문은 원진술자에 대한 반대신문을 대체하는 수단으로는 제대로 기능할 수 없다. 나아가 심판대상조항에도 불구하고, 법원이 제반 사정을 고려하여 피고인 등의 신청이나 직권으로 미성년 피해자를 증인으로 소환할 여지가 있기는 하다. 그러나 이러한 증인신청이 반드시 받아들여진다거나 이미 자신의 진술에 증거능력을 부여받은 미성년 피해자가 법정에 출석하리라는 보장이 없으므로, 피고인은 여전히 자신이 탄핵하지 못한 진술증거에 의하여 유죄를 인정받을 위험에 놓이게 된다. 따라서 위와 같은 사정을 근거로 피고인의 반대신문권이 보장되고 있다고 볼 수는 없다.

위와 같은 사정들을 종합할 때, 피고인의 반대신문권을 보장하면서도 미성년 피해자를 보호할 수 있는 조화적인 방법을 상정할 수 있음에도, 영상물의 원진술자인 미성년 피해자에 대한 피고인의 반대신문권을 실질적으로 배제하여 피고인의 방어권을 과도하게 제한하는 심판대상조항은 피해의 최소성 요건을 갖추지 못하였다.

중요기출지문 2019.9.26. 2018헌마1015 합헌 국가7급 21

형사피해자에게 약식명령을 고지하지 않고, 정식재판청구권도 인정하지 않는 형사소송법 제452조 및 제453조 제1항은 모두 헌법에 위반되지 않는다.

— •

형사피해자가 약식명령을 고지받지 못한다고 하여 형사재판절차에서의 참여기회가 완전히 봉쇄되어 있다고 볼 수 없다. 따라서 이 사건 고지조항은 형사피해자의 재판절차진술권을 침해하지 않는다.

THEME 24 · 국가배상청구권

★★☆

73 · 긴급조치 제9호는 위헌·무효임이 명백하고 긴급조치 제9호 발령으로 인한 국민의 기본권 침해는 그에 따른 강제수사와 공소제기, 유죄판결의 선고를 통하여 현실화되었다. 이러한 경우 긴급조치 제9호의 발령부터 적용·집행에 이르는 일련의 국가작용은, 전체적으로 보아 공무원이 직무를 집행하면서 객관적 주의의무를 소홀히 하여 그 직무행위가 객관적 정당성을 상실한 것으로서 위법하다고 평가되고, 긴급조치 제9호의 적용·집행으로 강제수사를 받거나 유죄판결을 선고받고 복역함으로써 개별국민이 입은 손해에 대해서는 국가배상책임이 인정될 수 있다.

대판 2022.8.25. 2018다212610

[긴급조치 제9호위반 혐의로 수사 및 유죄판결을 받은 사람들 또는 그 유족들이 대통령과 수사기관, 법원의 불법행위를 이유로 국가배상을 청구한 사안]

긴급조치 제9호 위반 혐의로 피고 소속 수사관들에 의해 체포되어 기소되었고 나아가 유죄판결을 선고받아 그 판결이 확정되어 형을 복역한 피해자들 및 그 가족들이, 대통령의 긴급조치 제9호 발령행위 또는 긴급조치 제9호에 근거한 수사 및 재판이 불법행위에 해당한다고 주장하면서 피고를 상대로 국가배상을 청구한 사안이다.
대법원은 전원합의체 판결을 통하여, 대통령의 긴급조치 제9호 발령 및 적용·집행행위가 국가배상법 제2조 제1항에서 말하는 공무원의 고의 또는 과실에 의한 불법행위에 해당하지 않는다고 보아 국가배상책임을 부정한 대법원 2014.10.27. 선고 2013다217962 판결, 대법원 2015.3.26. 선고 2012다48824 판결 등을 이 판결의 견해에 배치되는 범위에서 변경하고, 긴급조치 제9호의 발령부터 적용·집행에 이르는 일련의 국가작용은 전체적으로 보아 공무원의 위법행위에 해당하므로 국가배상책임이 인정된다고 판시하였다. 나아가 이 사건에 관한 구체적 판단으로서, 긴급조치의 피해자들이 위헌·무효인 긴급조치 제9호를 위반하였다는 이유로 체포·구금되어 수사를 받았거나 나아가 기소되어 유죄판결을 선고받아 형을 복역함으로써 입은 손해에 대하여 피고는 국가배상법 제2조 제1항에 따른 책임을 부담한다고 보고, 이와 달리 피고의 손해배상책임을 부정한 원심판결에는 국가배상책임의 성립 요건에 관한 법리를 오해하여 판결에 영향을 미친 잘못이 있다고 보아 원심을 파기·환송하였다.

★★☆

74 · 특수임무수행자등이 보상금등 지급결정에 동의한 경우 특수임무수행 또는 이와 관련한 교육훈련으로 입은 피해에 대하여 재판상 화해가 성립된 것으로 보는 특수임무수행자 보상에 관한 법률 제17조의2 가운데 특수임무수행 또는 이와 관련한 교육훈련으로 입은 피해 중 '정신적 손해'에 관한 부분은 헌법에 위반되지 아니한다.

헌재 2021.9.30. 2019헌가28 합헌

이번 결정은 심판대상조항이 재판청구권과 국가배상청구권을 침해하지 않는다고 본 것으로서, 위 민주화보상법 및 5·18보상법 조항과 달리 '특수임무수행자 보상에 관한 법률'의 보상금 산정 관련조항에는 정신적 손해배상에 상응하는 항목이 존재한다는 점이 중요하게 고려되었다.

THEME 25 · 형사보상청구권

중요기출지문   헌재 2010.10.28. 2008헌마514 **일부기각 | 위헌** **법무사 17**

형사보상결정에 대하여 불복을 신청할 수 없도록 하는 것은 형사보상청구권 및 재판청구권을 침해한다.

— •

가. 형사보상청구권은 헌법 제28조에 따라 '법률이 정하는 바에 의하여' 행사되므로 그 내용은 법률에 의해 정해 지는바, 형사보상의 구체적 내용과 금액 및 절차에 관한 사항은 입법자가 정하여야 할 사항이다.

나. 보상금액의 구체화·개별화를 추구할 경우에는 개별적인 보상금액을 산정하는 데 상당한 기간의 소요 및 절차의 지연을 초래하여 형사보상제도의 취지에 반하는 결과가 될 위험이 크고 나아가 그로 인하여 형사보상금의 액수에 지나친 차등이 발생하여 오히려 공평의 관념을 저해할 우려가 있는바, 이 사건 보상금조항 및 이 사건 보상금시행령조항은 청구인들의 형사보상청구권을 침해한다고 볼 수 없다.

다. 헌법 제28조는 형사보상청구권자에게 '정당한 보상'을 인정하고 있는바, '정당한 보상'이란 완전한 보상을 가리 키고, 이는 곧 구금으로 인한 상태를 만회하여 구금 전의 상태로 회복시킬 수 있는 보상을 말한다.

라. 형사보상의 청구에 대하여 한 보상의 결정에 대하여는 불복을 신청할 수 없도록 하여 형사보상의 결정을 단심 재판으로 규정한 형사보상법 제19조 제1항은 청구인들의 형사보상청구권 및 재판청구권을 침해한다.

THEME 26 · 범죄피해자 구조청구권

중요기출지문   대판 2017.11.9. 2017다228083 **경감승진 22**

범죄피해자 보호법에 의한 범죄피해 구조금 중 위 법 제17조 제2항의 유족구조금은 사람의 생명 또는 신체를 해치는 죄에 해당하는 행위로 인하여 사망한 피해자 또는 그 유족들에 대한 손실보상을 목적으로 하는 것으로서, 위 범죄행위로 인한 손실 또는 손해를 전보하기 위하여 지급된다는 점에서 불법행위로 인한 소극적 손해의 배상과 같은 종류의 금원이라고 봄이 타당하다.

MEMO

CONSTITUTION

기본권론

사회적 기본권

★★☆

75 • 재혼을 유족연금수급권 상실사유로 규정한 구 공무원연금법 제59조 제1항 제2호 중 '유족연금'에 관한 부분은 헌법에 위반되지 않는다. 　헌재 2022.8.31. 2019헌가31 　합헌

[재혼으로 인한 유족연금수급권 상실 사건]

○ 공무원연금법상 유족연금은 공무원의 사망으로 갑작스럽게 생계를 위협받게 된 유족의 생활을 보장하기 위하여 지급되는 급여이다.

○ 국가가 한정된 재원의 범위 내에서 보다 더 많은 유족을 효과적으로 보호하기 위해서는 유족 보호의 필요성과 중요성을 고려하여 유족연금을 받을 유족의 범위를 결정할 필요가 있다.

○ 부부는 민법상 서로 동거하며 부양하고 협조할 의무를 부담하므로(민법 제826조 제1항), 공무원연금법은 공무원 또는 공무원이었던 자의 사망 당시 그에 의하여 부양되고 있던 배우자를 갑작스러운 소득상실의 위험으로부터 보호해야 할 필요성과 중요성을 인정하여 유족연금수급권자로 규정하고 있다. 또한, 공무원연금법은 법률혼뿐만 아니라 사실혼 배우자도 유족으로 인정하고 있는데, 이는 사실혼 배우자도 법률혼 배우자와 마찬가지로 서로 동거·부양·협조의무가 인정된다는 점을 고려한 것이다(대법원 1998.8.21. 선고 97므544, 551 판결 참조). 따라서 심판대상조항이 배우자의 재혼을 유족연금수급권 상실사유로 규정한 것은 배우자가 재혼을 통하여 새로운 부양관계를 형성함으로써 재혼 상대방 배우자를 통한 사적 부양이 가능해짐에 따라 더 이상 사망한 공무원의 유족으로서의 보호의 필요성이나 중요성을 인정하기 어렵다고 보았기 때문이다.

○ 유족연금은 본래 생계를 책임진 자의 사망으로 생활의 곤란을 겪는 가족의 생계보호를 위하여 도입된 것이므로, 보험료 납부에 상응하여 결정되는 급여가 아니라 사망 당시의 혼인관계 및 생계의존성 여부에 따라 결정되는 파생적 급여이다. 따라서 배우자의 유족연금수급권 인정 여부가 반드시 기여금에 대한 공동 부담 여부에 따라 좌우되어야 하는 것은 아니다.

○ 공무원연금법은 공무원의 연금형성에 대한 배우자의 기여를 고려하여 이혼 시 이를 정산·분할할 수 있는 분할연금제도를 두고 있으나, 이는 유족연금과는 그 제도의 목적이나 취지가 서로 다르다. 따라서 심판대상조항이 배우자의 혼인기간 동안의 연금형성에 대한 기여를 비례적으로 반영하지 않았다는 사실만으로 현저히 자의적이거나 비합리적인 입법이라고 보기 어렵다.

○ 또한, 유족연금은 유족연금수급권 상실사유가 발생하면 다른 유족에게 수급권이 이전되도록 하고 있는데, 만약 재혼 상대방 배우자의 사망이나 이혼 등의 경제적 사정에 따라 유족연금수급권이 회복될 수 있도록 한다면, 다른 유족에게 불측의 손해를 입히거나 복잡한 법률문제가 발생할 우려도 있다.

○ 따라서 심판대상조항이 재혼을 유족연금수급권 상실사유로 규정하였다고 하더라도 이는 한정된 재원의 범위 내에서 부양의 필요성과 중요성 등을 고려하여 유족들을 보다 효과적으로 보호하기 위한 것이므로, 입법재량의 한계를 벗어나 인간다운 생활을 할 권리와 재산권을 침해하였다고 볼 수 없다.

관련기출지문   헌재 2020.4.23. 2018헌바402 **합헌** 경감승진 22

공무원이거나 공무원이었던 사람이 재직 중의 사유로 금고 이상의 형을 받거나 형이 확정된 경우 퇴직급여 및 퇴직수당의 일부를 감액하여 지급함에 있어 그 이후 형의 선고의 효력을 상실하게 하는 특별사면 및 복권을 받은 경우를 달리 취급하는 규정을 두지 아니한 구 공무원연금법 제64조 제1항 제1호와 구 공무원연금법 제64조 제1항 제1호는 재산권, 인간다운 생활을 할 권리를 침해하지 않는다.

THEME 29 • **교육을 받을 권리와 교육제도**

★★☆

76 ○○대학교 총장의 '2022학년도 대학 신입학생 정시모집('나'군) 안내' 중 수능 성적에 최대 2점의 교과이수 가산점을 부여하고, 2020년 2월 이전 고등학교 졸업자에게 모집단위별 지원자의 가산점 분포를 고려하여 모집단위 내 수능점수 순위에 상응하는 가산점을 부여하도록 한 부분은 법률유보원칙에 위반되어 청구인의 교육받을 권리를 침해하지 않는다. 이 사건 가산점 사항은 청구인을 불합리하게 차별하여 균등하게 교육받을 권리를 침해하지 않는다.

헌재 2022.3.31. 2021헌마1230 **기각**

———•

[2022학년도 대학 신입학생 정시모집 안내 위헌확인]

가. 고등교육법 및 동법 시행령은 대학의 장이 입학전형에 의하여 학생을 선발하고, 이를 위하여 고등학교 학교생활기록부의 기록, 수능 성적 등을 입학전형자료로 활용할 수 있다고 규정하고 있다. 따라서 이 사건 가산점 사항은 법률유보원칙에 위반되어 청구인의 교육받을 권리를 침해하지 아니한다.

나. 이 사건 가산점 사항은, 2015 개정 교육과정의 내실 있는 운영이라는 공익을 추구하면서도, 위 교육과정을 따를 수 없는 지원자에게 동등한 기회를 제공하고 있다. 이는 2015 개정 교육과정을 이수한 사람들이 대부분 가산점 2점을 받는다면 해당 모집단위에 지원한 다른 교육과정 지원자들도 대부분 가산점 2점을 받게 되는 구조이므로, 청구인을 불합리하게 차별하여 균등하게 교육받을 권리를 침해하는 것이라고 볼 수 없다.

중요기출지문　　　　　　　　　　　　　헌재 2013.10.24. 2012헌마832　기각 | 각하　변호사 21

부모는 자녀의 교육에 관하여 전반적인 계획을 세우고 자신의 인생관·사회관·교육관에 따라 자녀의 교육을 자유롭게 형성할 권리를 가지고, 아직 성숙하지 못한 초·중·고등학생인 자녀의 교육과정에 참여할 권리를 가진다. 따라서 학교가 학생에 대해 불이익 조치를 할 경우 해당 학생의 학부모가 의견을 제시할 권리는 자녀교육권의 일환으로 보호된다. 학교폭력예방법 제17조 제5항이 학교폭력 가해학생에 대한 조치 전에 자녀교육권의 일환으로 그 보호자에게 의견 진술의 기회를 부여하는 것처럼, 가해학생에 대해 일정한 조치가 내려졌을 경우 그 조치가 적절하였는지 여부에 대해 의견을 제시할 수 있는 권리 또한 그 연장선상에서 학부모의 자녀교육권의 내용에 포함된다.

중요기출지문　　　　　　　　　　　　헌재 2015.12.23. 2014헌마1149　위헌확인 | 인용(취소)　지방7급 17

교육부장관이 강원대학교 법학전문대학원의 2015학년도 및 2016학년도 신입생 각 1명의 모집을 정지한 행위는 과잉금지원칙에 반하여 헌법 제31조 제4항이 정하는 대학의 자율권을 침해한다.

중요기출지문　　　　　　　　　　　　헌재 2015.11.26. 2012헌바300　합헌 | 각하　변호사 21

임시이사가 선임된 학교법인의 정상화를 위한 이사 선임에 관하여 사학분쟁조정위원회의 심의를 거치도록 하는 것은 사학분쟁조정위원회 구성에 공정성과 전문성이 갖추어진 점, 학교법인의 정체성 및 정상화 심의과정에서 사학분쟁조정위원회가 종전이사 등의 의견을 청취할 수 있는 점 등을 고려할 때, 학교법인과 종전이사의 사학의 자유를 침해하지 않는다.

중요기출지문　　　　　　　　　　　　　헌재 2019.7.25. 2017헌마1038　각하　국회8급 22

사립유치원에 「사학기관 재무·회계 규칙」을 적용하여 수입 및 지출할 수 있는 비용의 항목이 한정되는 등 엄격한 재무·회계관리가 이루어진다고 하더라도, 이로 인해 사립유치원 운영의 자율성이 완전히 박탈되는 것은 아니다.

— .

심판대상조항이 규정한 예산과목의 내용은 유치원의 재정 건전성 확보를 위해 그 필요성이 인정되고, 일정 부분 사립유치원에 운영의 자율성을 보장하고 있으며, 교육감이 예산과목 구분을 조정할 수 있도록 함으로써 구체적 타당성도 도모하고 있다. 비록 심판대상조항의 사립유치원 세입·세출예산 과목에 청구인들이 주장하는 바와 같은 항목들(유치원 설립을 위한 차입금 및 상환금, 유치원 설립자에 대한 수익배당, 통학 및 업무용 차량 이외의 설립자 개인 차량의 유류대 등)을 두지 않았다고 하더라도, 그러한 사정만으로는 심판대상조항이 현저히 불합리하거나 자의적이라고 볼 수 없다. 따라서 심판대상조항이 입법형성의 한계를 일탈하여 사립유치원 설립·경영자의 사립유치원 운영의 자유를 침해한다고 볼 수 없다.

THEME 30 · **근로의 권리**

★★☆

77 · 동물의 사육사업(이하 '축산업'이라 한다) 근로자에게 근로기준법 제4장의 근로시간 및 휴일에 관한 조항을 적용하지 않도록 한 구 근로기준법 제63조 제2호(심판대상조항)는 헌법에 위반되지 않는다.

헌재 2021.8.31. 2018헌마563 기각

심판대상조항이 입법자가 입법재량의 한계를 일탈하여 인간의 존엄을 보장하기 위한 최소한의 근로조건을 마련하지 않은 것이라고 보기 어려우므로, 심판대상조항은 청구인의 근로의 권리를 침해하지 않는다.

관련기출지문 헌재 2008.9.25. 2005헌마586 기각 국가7급 17

정직기간을 연가일수에서 공제할 때 어떠한 비율에 따라 공제할 것인지에 관하여는 입법자에게 재량이 부여되어 있다 할 것이므로 정직기간의 비율에 따른 일수가 공제되는 일반 휴직자와 달리, 공무원으로서 부담하는 의무를 위반하여 징계인 정직처분을 받은 자에 대하여 입법자가 정직일수만큼의 일수를 연가일수에서 공제하였다고 하여 재량을 일탈한 것이라고 볼 수 없으므로 이 사건 법령조항이 청구인의 근로의 권리를 침해한다고 볼 수 없다.

관련기출지문 헌재 2002.11.28. 2001헌바50 합헌 경감승진 22

직장선택의 자유는 원하는 직장을 제공하여 줄 것을 청구하거나 한번 선택한 직장의 존속보호를 청구할 권리를 보장하지 않으며, 또한 사용자의 처분에 따른 직장 상실로부터 직접 보호하여 줄 것을 청구할 수도 없다. 다만 국가는 이 기본권에서 나오는 객관적 보호의무, 즉 사용자에 의한 해고로부터 근로자를 보호할 의무를 질 뿐이다. 직업의 자유에서 도출되는 보호의무와 마찬가지로 사용자의 처분에 따른 직장 상실에 대하여 최소한의 보호를 제공하여야 할 의무를 국가에 지우는 것으로 볼 수는 있을 것이나, 이 경우에도 입법자가 그 보호의무를 전혀 이행하지 않거나 사용자와 근로자의 상충하는 기본권적 지위나 이익을 현저히 부적절하게 형량한 경우에만 위헌 여부의 문제가 생길 것이다.

• **근로3권**

★★☆

78 가. 노동조합을 지배·개입하는 행위를 금지하는 노동조합 및 노동관계조정법 제81조 제4호 본문 중 '근로자가 노동조합을 조직 또는 운영하는 것을 지배하거나 이에 개입하는 행위' 부분은 죄형법정주의의 명확성원칙에 위배되지 않는다.

나. 노조전임자의 급여를 지원하는 행위를 금지하는 노동조합 및 노동관계조정법 제81조 제4호 본문 중 '노동조합의 전임자에게 급여를 지원하는 행위' 부분은 과잉금지원칙에 위배되지 않는다.

헌재 2022.5.26. 2019헌바341 **합헌**

[노동조합 및 노동관계조정법 제81조 제4호 등 위헌소원]

비교판례지문
헌재 2018.5.31. 2012헌바90 **헌법불합치 | 각하**

사용자가 노동조합의 운영비를 원조하는 행위를 부당노동행위로 금지하는 '노동조합 및 노동관계조정법'(2010.1.1. 법률 제9930호로 개정된 것) 제81조 제4호 중 '노동조합의 운영비를 원조하는 행위'에 관한 부분이 노동조합의 단체교섭권을 침해한다.

관련기출지문
헌재 2015.3.26. 2014헌가5 **위헌** **국회8급 18**

헌법 제37조 제2항 전단에 의하여 근로자의 근로3권에 대해 일부 제한이 가능하다 하더라도, '공무원 또는 주요 방위사업체 근로자'가 아닌 근로자의 근로3권을 전면적으로 부정하는 것은 헌법 제37조 제2항 후단의 본질적 내용 침해금지에 위반된다. 그런데 심판대상조항은 단체교섭권·단체행동권이 제한되는 근로자의 범위를 구체적으로 제한함이 없이, 단체교섭권·단체행동권의 행사요건 및 한계 등에 관한 기본적 사항조차 법률에서 정하지 아니한 채, 그 허용 여부를 주무관청의 조정결정에 포괄적으로 위임하고 이에 위반할 경우 형사처벌하도록 하고 있는바, 이는 모든 근로자의 단체교섭권·단체행동권을 사실상 전면적으로 부정하는 것으로서 헌법에 규정된 근로3권의 본질적 내용을 침해하는 것이다.

★★☆

79 • 법외노조 통보는 적법하게 설립된 노동조합의 법적 지위를 박탈하는 중대한 침익적 처분으로서 원칙적으로 국민의 대표자인 입법자가 스스로 형식적 법률로써 규정하여야 할 사항이고, 행정입법으로 이를 규정하기 위하여는 반드시 법률의 명시적이고 구체적인 위임이 있어야 한다. 그런데 노동조합 및 노동관계조정법 시행령(이하 '노동조합법 시행령'이라 한다) 제9조 제2항은 법률의 위임 없이 법률이 정하지 아니한 법외노조 통보에 관하여 규정함으로써 헌법상 노동3권을 본질적으로 제한하고 있으므로 그 자체로 무효이다. 구체적인 이유는 아래와 같다. 법외노조 통보는 이미 법률에 의하여 법외노조가 된 것을 사후적으로 고지하거나 확인하는 행위가 아니라 그 통보로써 비로소 법외노조가 되도록 하는 형성적 행정처분이다. 이러한 법외노조 통보는 단순히 노동조합에 대한 법률상 보호만을 제거하는 것에 그치지 않고 헌법상 노동3권을 실질적으로 제약한다. 그런데 노동조합 및 노동관계조정법(이하 '노동조합법'이라 한다)은 법상 설립요건을 갖추지 못한 단체의 노동조합 설립신고서를 반려하도록 규정하면서도, 그보다 더 침익적인 설립 후 활동 중인 노동조합에 대한 법외노조 통보에 관하여는 아무런 규정을 두고 있지 않고, 이를 시행령에 위임하는 명문의 규정도 두고 있지 않다. 더욱이 법외노조 통보 제도는 입법자가 반성적 고려에서 폐지한 노동조합 해산명령 제도와 실질적으로 다를 바 없다. 결국 노동조합법 시행령 제9조 제2항은 법률이 정하고 있지 아니한 사항에 관하여, 법률의 구체적이고 명시적인 위임도 없이 헌법이 보장하는 노동3권에 대한 본질적인 제한을 규정한 것으로서 법률유보원칙에 반한다. 대판 2020.9.3. 2016두32992 전원합의체

THEME 32 · **환경권**

★★☆

80 · 경유차 소유자로부터 환경개선부담금을 부과·징수하도록 정한 환경개선비용 부담법 제9조 제 1항은 헌법에 위반되지 아니한다. 헌재 2022.6.30. 2019헌바440 합헌

—— •

[환경개선부담금 위헌소원 사건]

● 환경개선부담금의 법적 성격 – 정책실현목적의 부담금

○ 환경개선부담금은 경유차가 유발하는 대기오염으로 인해 발생하는 사회적 비용을 오염원인자인 경유차 소유자에게 부과함으로써 경유차 소비 및 사용 자제를 유도하는 한편, 징수된 부담금으로 환경개선을 위한 투자재원을 합리적으로 조달하는 것에 그 주된 목적이 있다.

따라서 환경개선부담금은 정책실현목적의 유도적 부담금으로 분류될 수 있다.

관련기출지문 헌재 2015.9.24. 2013헌마384 기각 국회8급 20

헌법이 환경권에 대하여 국가의 보호의무를 인정한 것은, 환경피해가 생명·신체의 보호와 같은 중요한 기본권적 법익 침해로 이어질 수 있다는 점 등을 고려한 것이므로, 환경권 침해 내지 환경권에 대한 국가의 보호의무위반 도 궁극적으로는 생명·신체의 안전에 대한 침해로 귀결된다.

관련기출지문 헌재 2008.7.31. 2006헌마711 기각 국회8급 20

일정한 경우 국가는 사인인 제3자에 의한 국민의 환경권 침해에 대해서도 적극적으로 기본권보호조치를 취할 의무를 지나 헌법재판소가 이를 심사할 때에는 국가가 국민의 기본권적 법익 보호를 위하여 적어도 효율적인 최소한의 보호조치를 취했는가 하는 이른바 '과소보호금지원칙'의 위반 여부를 기준으로 삼아야 한다.

관련기출지문 헌재 2007.12.27. 2006헌바25 합헌 국회8급 20

헌법 제35조 제1항은 환경정책에 관한 국가적 규제와 조정을 뒷받침하는 헌법적 근거가 되며 국가는 환경정책 실현을 위한 재원마련과 환경침해적 행위를 억제하고 환경보전에 적합한 행위를 유도하기 위한 수단으로 환경부 담금을 부과·징수하는 방법을 선택할 수 있다.

THEME 33 ● 혼인 · 가족 · 모성보호 · 보건에 관한 권리

중요기출지문   헌재 2010.7.29. 2009헌가8 헌법불합치 법무사 19

중혼을 무효사유로 볼 것인가, 아니면 취소사유로 볼 것인가, 나아가 취소사유로 보는 경우 취소청구권자로 어느 범위까지 인정할 것인가 하는 문제는 중혼의 반사회성 · 반윤리성과 혼인생활의 사실상 보호라는 공익과 사익을 어떻게 규율할 것인가의 문제로서 기본적으로 입법형성의 자유가 넓게 인정되는 영역이라고 할 것이다. – 즉, 무효가 아니니까 취소 전까지는 중혼도 있을 수 있다는 의미이다.

중요기출지문   헌재 2008.12.26. 2008헌마419 기각 I 각하 국회8급 20

헌법은 "모든 국민은 보건에 관하여 국가의 보호를 받는다."고 규정하여 질병으로부터 생명 · 신체의 보호 등 보건에 관하여 특별히 국가의 보호의무를 강조하고 있으므로(제36조 제3항), 국민의 생명 · 신체의 안전이 질병 등으로부터 위협받거나 받게 될 우려가 있는 경우 국가로서는 그 위험의 원인과 정도에 따라 사회 · 경제적인 여건 및 재정사정 등을 감안하여 국민의 생명 · 신체의 안전을 보호하기에 필요한 적절하고 효율적인 입법 · 행정상의 조치를 취하여 그 침해의 위험을 방지하고 이를 유지할 포괄적인 의무를 진다 할 것이다. – 구체적 의무가 아니라 포괄적 의무이다.

국민의 기본적 의무

THEME 34 • **국방의 의무**

중요기출지문   헌재 2007.5.31. 2006헌마627 [기각] [경정승진 20]

이 사건 공고는 현역군인 신분자에게 다른 직종의 시험응시기회를 제한하고 있으나 이는 병역의무 그 자체를
이행하느라 받는 불이익으로서 병역의무 중에 입는 불이익에 해당될 뿐, 병역의무의 이행을 이유로 한 불이익은
아니므로 이 사건 공고로 인하여 현역군인이 타 직종에 시험응시를 하지 못하는 것은 헌법 제39조 제2항에서
금지하는 '불이익한 처우'라 볼 수 없다.

MEMO

PART

03 통치구조론

CONSTITUTION

통치구조

통치구조론

THEME 01 • **통치구조의 구성원리**

★★★

01 • 헌법에 규정된 영장신청권자로서의 검사는 검찰권을 행사하는 국가기관인 검사로서 공익의 대표자이자 수사단계에서의 인권옹호기관으로서의 지위에서 그에 부합하는 직무를 수행하는 자를 의미하는 것이지, 검찰청법상 검사만을 지칭하는 것으로 보기 어렵다.

헌재 2021.1.28. 2020헌마264 <u>각하 | 기각</u>

—— •

[1] 수사처의 권한 행사에 대해서는 여러 기관으로부터의 통제가 이루어질 수 있으므로, 단순히 수사처가 독립된 형태로 설치되었다는 이유만으로 권력분립원칙에 위반된다고 볼 수 없다.

[2] 법률에 근거하여 수사처라는 행정기관을 설치하는 것이 헌법상 금지되지 않는바, … 그 판단에는 본질적으로 국회의 폭넓은 재량이 인정된다. 또한 수사처의 설치로 말미암아 수사처와 기존의 다른 수사기관과의 관계가 문제된다 하더라도 동일하게 행정부 소속인 수사처와 다른 수사기관 사이의 권한 배분의 문제는 헌법상 권력분립원칙의 문제라고 볼 수 없다. 구 공수처법 제2조 및 공수처법 제3조 제1항은 권력분립원칙에 반하여 청구인들의 평등권, 신체의 자유 등을 침해하지 않는다.

관련기출지문 헌재 1994.4.28. 89헌마221 <u>합헌 | 각하</u> 지방7급 20

국가가 정보기관을 대통령직속으로 하느냐 여부는 기본적으로 입법정책의 영역에 속하는 것으로서 당해 국가의 헌법이념에 위배되지 않는 한 위헌이라 할 수 없는 것인데, 국가안전기획부법은 그 목적, 직무범위, 통제방법 등의 관점에서 헌법이 요구하는 최소한의 요건을 갖추고 있다고 보아야 할 것이므로, 국무총리의 관할을 받지 않는 대통령직속기관인 국가안전기획부의 설치근거와 직무범위 등을 정한 행정조직법 제14조와 국가안전기획부법제4조 및 제6조의 규정은 헌법에 위배된다 할 수 없다.

THEME 02 • **통치구조의 형태**

중요**기출지문**   헌재 2015.11.26. 2013헌라3 각하   변호사 12

국가기관의 부분기관이 자신의 이름으로 소속기관의 권한을 주장할 수 있는 '제3자 소송담당'을 명시적으로 허용하는 법률의 규정이 없는 현행법 체계하에서는, 국회의 구성원인 국회의원이 조약에 대한 국회의 체결·비준 동의권의 침해를 주장하는 권한쟁의심판을 청구할 수 없다.

— •

헌법 제49조는 "국회는 헌법 또는 법률에 특별한 규정이 없는 한 재적의원 과반수의 출석과 출석의원 과반수의 찬성으로 의결한다."고 규정한다. 헌법이 예정하는 절차에 따르면 국회의 의사는 토론을 거친 다수결에 의하여 결정되어야 하는데, 국회의 의사가 위 절차를 거쳐 결정되었음에도 다수결의 결과에 반대하는 소수의 국회의원에게 권한쟁의심판을 청구할 수 있게 하는 것은 다수결의 원리와 의회주의의 본질에 어긋날 뿐만 아니라, 국가기관이 기관 내부에서 민주적인 방법으로 토론과 대화에 의하여 기관의 의사를 결정하려는 노력 대신 모든 문제를 사법적 수단에 의해 해결하려는 방향으로 남용될 우려도 있다(헌재 2007.7.26. 2005헌라8 참조). 나아가 우리 헌법이 채택한 대통령제 하에서는 의원내각제의 경우처럼 정부와 국회 다수정당의 이해관계가 항상 일치하는 것으로 단정하기도 어렵다. 이에 비추어 볼 때 소수정당에게 제3자 소송담당을 인정할 필요가 있다는 주장은 선뜻 수긍하기 어렵다. 이러한 사정을 종합하여 볼 때 권한쟁의심판에 있어 '제3자 소송담당'을 허용하는 명문의 규정이 없는 현행법 체계하에서 국회의 구성원인 국회의원이 국회의 권한침해를 이유로 권한쟁의심판을 청구할 수 있다고 보기는 어렵다.

국 회

통치구조론

THEME 03 • 국회의 구성과 조직

THEME 04 • 국회의 운영과 의사절차

★★★
02 · 정보위원회 회의는 공개하지 아니한다고 정하고 있는 국회법 제54조의2 제1항 본문은 청구인의 알권리를 침해한다.
헌재 2022.1.27. 2018헌마1162 각하 | 위헌

— ·
심판대상조항 부분 : 의사공개원칙에 위배되어 위헌
헌법상 의사공개원칙은 모든 국회의 회의를 항상 공개하여야 하는 것은 아니나 이를 공개하지 아니할 경우에는 헌법에서 정하고 있는 일정한 요건을 갖추어야 한다. 또한 헌법 제50조 제1항 단서가 정하고 있는 회의의 비공개를 위한 절차나 사유는 그 문언이 매우 구체적이어서, 이에 대한 예외도 엄격하게 인정되어야 한다. 따라서 헌법 제50조 제1항으로부터 일체의 공개를 불허하는 절대적인 비공개가 허용된다고 볼 수는 없는바, 특정한 내용의 국회의 회의나 특정 위원회의 회의를 일률적으로 비공개한다고 정하면서 공개의 여지를 차단하는 것은 헌법 제50조 제1항에 부합하지 아니한다.

★★★
03. 국회의 탄핵소추의결 이후 헌법재판소의 탄핵심판 중 임기만료로 피청구인이 법관의 직에서 퇴직한 사안에서, 헌법재판소는 2021.10.28. 재판관 5인의 각하의견으로, 이미 임기만료로 퇴직한 피청구인에 대해서는 본안판단에 나아가도 파면결정을 선고할 수 없으므로 결국 이 사건 탄핵심판청구는 부적법하다는 결정을 선고하였다. 헌재 2021.10.28. 2021헌나1 각하

─────── •

[법관에 대한 탄핵심판 사건]

가. 탄핵심판의 이익 인정 여부

[1] 탄핵심판의 이익의 의의와 기능

탄핵심판은 탄핵심판청구가 이유 있는 경우에는 '파면 결정을 선고'함으로써 헌법의 규범력을 확보하는 것을 목적으로 하고, 탄핵심판절차는 그 목적 달성을 위한 수단에 해당되므로, 만약 파면을 할 수 없어 목적 달성이 불가능하게 된다면 탄핵심판의 이익은 소멸하게 된다. 탄핵심판의 이익이 없는 경우, 헌법재판소로서는 탄핵심판의 본안심리를 할 수 없고, 탄핵심판청구를 각하하는 결정을 선고해야 한다.

[2] 탄핵심판절차의 탄핵사유 판단 구조

헌법재판소법 제53조 제1항이 규정한 탄핵사유인 '탄핵심판청구가 이유 있는 경우'는 피청구인이 '그 직무집행에 있어서 헌법이나 법률을 위배한 때'로서 '파면을 정당화할 정도로 중대한 헌법이나 법률 위배가 있는 때'이다. 탄핵사유에 대하여 위와 같이 판단하는 것은 '탄핵심판절차의 헌법수호기능'을 법치주의와 민주주의의 구현이라는 관점에서 파악하였기 때문이다. 이러한 헌법수호기능은 대통령에 대한 탄핵심판절차뿐만 아니라 법관에 대한 탄핵심판절차의 경우에도 동일하게 작용한다.

[3] 탄핵심판절차의 심판대상과 결정 주문의 관계

위와 같이 심판대상을 확정하여 판단한 후 결론적으로 '심판청구기각 또는 파면' 중 하나의 주문을 낸 것은, '탄핵결정은 공직으로부터 파면함에 그친다'고 정한 헌법 제65조 제4항과 '탄핵심판청구가 이유 있는 경우에는 피청구인을 해당 공직에서 파면하는' 단일한 결정을 선고하도록 정한 헌법재판소법 제53조 제1항 및 '탄핵의 결정을 하는 경우 재판관 6명 이상의 찬성'이 필요하다고 정한 헌법재판소법 제23조 제2항 제1호에 근거를 둔 것이다.

[4] 탄핵심판의 이익과 탄핵심판절차의 목적과 기능

탄핵심판절차에 따른 파면결정으로 고위공직자는 공직을 박탈당하게 되는데, 이는 공무담임권의 제한에 해당한다. 헌법재판소의 탄핵심판은 고위공직자에 대한 법적 책임을 추궁함으로써 헌법의 규범력을 확보하기 위한 것이므로, 탄핵심판이익의 존부에 대한 판단까지 포함하여 결정의 내용이 기본권 보장이나 권력분립의 측면에서도 헌법질서에 부합하여야 한다. 헌법에 명문의 근거가 있는 '헌법재판소의 탄핵결정에 의한 파면'은 그 요건과 절차가 준수될 경우 '공직의 부당한 박탈'이 되지 않을 것이고, 권력분립원칙에 따른 균형을 훼손하지 않을 것이다.

[5] 헌법과 헌법재판소법 등 규정에서 본 탄핵심판의 이익

앞서 살펴본 바와 같이, 헌법 제65조 제4항 전문과 헌법재판소법 제53조 제1항은 헌법재판소가 탄핵결정을 선고할 때 피청구인이 '해당 공직에 있음'을 전제로 하고 있다.

― 헌법 제65조 제1항과 헌법재판소법 제48조는 탄핵심판의 대상인 공직의 범위를 한정적으로 나열하고 있는데, 이는 전직이 아닌 '현직'은 이미한다 국회법 제134조 제2항은 탄핵소추의결서 송달 이후 '사직'이나 '해임'을 통한 탄핵심판 면탈을 방지하고 있는데, 이 역시 피청구인의 해당 공직 보유가 탄핵심판에 따른 파면결정의 선결조건임을 방증한다.

[6] 손상된 헌법질서의 회복에서 본 탄핵심판의 이익

헌법재판소는 탄핵심판절차의 헌법수호기능에 관하여, "헌법 제65조는 행정부와 사법부의 고위공직자에 의한 헌법위반이나 법률위반에 대하여 탄핵소추의 가능성을 규정함으로써, 그들에 의한 헌법위반을 경고하고 사전에 방지하는 기능을 하며, 국민에 의하여 국가권력을 위임받은 국가기관이 그 권한을 남용하여 헌법이나 법률에 위반하는 경우에는 다시 그 권한을 박탈하는 기능을 한다. 국회의 탄핵소추절차는, 국회 의사절차의 자율권과 탄핵소추 발의 · 의결 여부에 대한 재량권이 작동하는 영역으로서, 국회가 탄핵소추의결을 통해 국가기관인 공직자의 권한행사를 잠정적으로 정지시키는 '국가기관 사이의 권력분립원칙에 따른 견제'의 성격을 가진다(헌법 제65조 제3항). 반면, 헌법재판소의 탄핵심판절차는, '사법절차'에 의하여 '법치주의' 원리에 따라 공직자를 파면하는 결정을 선고함으로써 피청구인의 공무담임권 제한 여부를 종국적으로 결정하는 '규범적 심판절차'의 성격을 가진다.

[7] 민주적 정당성의 박탈에서 본 탄핵심판의 이익

'법관 임기제'는 사법의 독립성과 책임성의 조화를 위하여 법관의 민주적 정당성을 소멸시키는 일상적 수단으로서의 성격을 가진다. 법치주의의 특별한 보장자로서 국회와 헌법재판소가 역할을 분담하고 있는 탄핵제도는 '민주적 정당성이 부여되는 주기의 변형'의 결과를 감수하면서도 직무집행상 중대한 위헌 · 위법행위를 저지른 법관 등 고위공직자에게 부여된 민주적 정당성을 박탈함으로써 헌법을 수호하는 '비상적 수단'의 성격을 가진다.

[8] 이 사건에서 탄핵심판의 이익이 인정되는지 여부에 관한 결론

임기만료 퇴직으로 법관직을 상실함으로써 피청구인에게 부여되었던 민주적 정당성은 이미 상실되었으므로, 탄핵심판절차의 헌법수호기능으로서 '민주적 정당성의 박탈'의 관점에서 보더라도 탄핵심판의 이익을 인정할 수 없다.

임기만료 퇴직으로 피청구인에 대한 법관으로서의 민주적 정당성이 사법의 책임을 달성하기 위한 '법관 임기제'라는 일상적인 수단을 통해 이미 소멸된 이상, 국회와 헌법재판소의 관여를 통해 민주적 정당성을 박탈하는 비상적인 수단인 '탄핵제도'가 더 이상 기능할 여지도 없게 되었다. 결국 헌법 및 헌법재판소법 등 규정의 문언과 취지 및 탄핵심판절차의 헌법수호기능을 종합적으로 감안하더라도 이 사건 심판청구는 탄핵심판의 이익이 인정되지 아니하여 부적법하므로 각하해야 한다.

나. 탄핵심판의 이익에 관한 청구인의 주장에 대한 판단

[1] 헌법재판소법 제54조 제2항 관련 주장에 대한 판단

입법 연혁에 의하면 '탄핵결정에 의한 파면'의 부수적 효력인 공직 취임 제한은 헌법이 아닌 법률에 규정되어 왔으며, 그 내용에도 몇 차례 변화가 있어 왔으므로, 이러한 부수적 효력은 헌법상 탄핵제도의 본질에서 당연히 도출되는 것은 아니다. 파면결정의 부수적 효력으로서의 공직 취임 제한은 정치적 기본권인 공무담임권을 제한하므로 '소급입법에 의한 참정권 제한을 금지'하는 헌법 제13조 제2항의 적용영역에 있고, 그 제재의 내용은 형법상 '자격정지'의 형벌에 준하는 의미를 가지고 있으므로, 엄격히 해석 · 적용되어야 한다. 따라서 헌법재판소법 제54조 제2항의 공직 취임 배제의 취지를 고려하여 탄핵심판의 이익을 인정해야 한다는 청구인의 주장은 이유 없다.

[2] 헌법재판소법 제53조 제2항 관련 주장에 대한 판단

헌법재판소의 결정 선고 전 법관이 임기만료로 퇴직한 경우는 헌법재판소법 제53조 제2항이 적용되지 않는다.

헌법재판소법 제40조 제1항 단서는 탄핵심판의 경우 형사소송에 관한 법령을 우선하여 적용하도록 하고 있고, 형사소송법 제327조, 제328조는 소송요건의 흠결이 명백한 경우에 실체재판이 아닌 형식재판(공소기각)으로 사건을 종결하도록 규정하고 있음을 함께 고려하면, 헌법재판소법 제53조 제2항의 '기각'은 실체재판으로서의 '본안판단 후 기각'을 의미하기 보다는 '형식재판으로서의 소추기각에 준하는 의미의 기각'을 의미하는 것으로 이해하는 것이 합리적이다.

[3] 기속력과 심판의 이익의 관련성에서 볼 때, 파면결정을 통한 해당 공직 박탈이 불가능한 상황에서 예외적 심판이익을 인정하여 탄핵사유의 유무만을 확인하는 결정을 상정하기 어렵다.

[4] 헌법재판소는 대통령에 대한 2건의 탄핵심판 선례에서, 두 사건 모두 피청구인에게 직무집행상 위헌 · 위법행위가 있었음을 인정하면서도, 심판청구기각 또는 파면이란 단일주문을 선고하였을 뿐, 위헌 · 위법확인 여부만을 독립적으로 선고하지 않았다.

국회의 탄핵소추의결은 권력분립원칙에 따라 국가기관인 국회가 행정부나 사법부에 소속된 다른 국가기관의 권한을 정지시키는 견제 수단의 성격을 가지는 것이다. 그런데, 만일 헌법재판소가 파면 여부와 상관없이 오로지 탄핵사유의 유무에 대한 객관적 해명만을 목적으로 직무집행상 중대한 위헌 · 위법이 있는지 여부를 심리하여 그에

대한 위헌·위법 확인결정을 한다면, 이는 실질적으로 국회의 탄핵소추의결이 그 실체적 요건을 갖추었는지에 대하여 판단하여 결정하는 것이 된다. 즉, 국회의 의결로써 피청구인의 권한 행사를 정지한 것이 적법하였는지에 대해서만 판단하는 것이 되어버려 권한쟁의심판과 같은 내용이 되는데, 이것은 탄핵심판과 권한쟁의심판을 달리 규정한 현행 헌법과 헌법재판소법의 체계상 허용된다고 보기 어렵다.

중요기출지문 헌재 2020.5.27. 2019헌라6 `기각` 입법고시 21

'회기결정의 건'에 대하여 무제한토론이 실시되면 무제한토론이 '회기결정의 건'의 처리 자체를 봉쇄하는 결과가 초래되므로, '회기결정의 건'은 「국회법」 제106조의2에 따른 무제한토론의 대상이 되지 않는다.

— •

'회기결정의 건'에 대하여 무제한토론이 실시되는 경우, 무제한토론을 할 의원이 더 이상 없거나 무제한토론의 종결동의가 가결되지 않으면, 국회가 해당 회기를 정하지 못하게 된다. 국회법 제106조의2 제8항은 무제한토론을 실시하는 중에 해당 회기가 끝나는 경우 해당 안건은 바로 다음 회기에서 지체 없이 표결하도록 규정하고 있으나, 이미 헌법 제47조 제2항에 의하여 종료된 해당 회기를 그 다음 회기에 이르러 결정할 여지는 없다. 결국 '회기결정의 건'에 대하여 무제한토론이 실시되면, 무제한토론이 '회기결정의 건'의 처리 자체를 봉쇄하는 결과가 초래된다. 이는 당초 특정 안건에 대한 처리 자체를 불가능하게 하는 것이 아니라 처리를 지연시키는 수단으로 도입된 무제한토론제도의 취지에 반할 뿐만 아니라, 국회법 제7조에도 정면으로 위반된다.

THEME 05 • 국회의 권한

★☆☆

04 · 민법에 따라 등기를 하지 아니한 경우라도 부동산을 사실상 취득한 경우 그 취득물건의 소유자 또는 양수인을 취득자로 보도록 한 구 지방세법 제7조 제2항 본문 중 '부동산의 사실상 취득'에 관한 부분은 과세요건 명확주의에 위배되지 않는다. 헌재 2022.3.31. 2019헌바107 `합헌`

— •

[지방세법 제7조 제2항 위헌소원]

THEME 06 · 국회의원

중요기출지문 헌재 2020.5.27. 2019헌라6 기각 | 각하 변호사 21

국회의원은 국회를 피청구인으로 하여 법률의 제·개정 행위를 다툴 수 있다.

— ·

청구인 국회의원들은 피청구인 국회의 이 사건 공직선거법 개정행위가 청구인 국회의원들의 법률안 심의·표결권을 침해하였다고 주장한다. 권한쟁의심판은 피청구인의 처분 또는 부작위가 청구인의 권한을 침해하였거나 침해할 현저한 위험이 있는 경우에만 청구할 수 있다(헌법재판소법 제61조 제2항 참조). 피청구인 국회가 이 사건 공직선거법을 개정한 행위는 국회입법으로서 헌법재판소법 제61조 제2항의 처분에 해당하고, 따라서 권한쟁의심판의 대상이 될 수 있다.그러나 국회의 위와 같은 입법이 권한쟁의심판의 대상이 되는 처분에 해당하더라도 이러한 처분에 대한 권한쟁의심판이 적법하기 위해서는 이것이 청구인의 권한을 침해하였거나 침해할 현저한 위험성이 있어야 한다. 그런데 이 사건 공직선거법 개정행위로 개정된 공직선거법(2020.1.14. 법률 제16864호)의 내용은 선거권자의 연령을 낮추고, 국회의원선거와 관련하여 부분적으로 준연동형 비례대표제를 도입하여 비례대표국회의원의 선출방식을 변경하는 등 선거와 관련된 내용만을 담고 있어, 국회의원을 선출하는 방법과 관련되어 문제될 뿐이고, 청구인 국회의원들이 침해되었다고 주장하는 법률안 심의·표결권과는 아무런 관련이 없다. 그렇다면 피청구인 국회의 이 사건 공직선거법 개정행위로 인하여 청구인 국회의원들의 법률안 심의·표결권이 침해될 가능성은 없다.

MEMO

대통령과 행정부

THEME 07 · **대통령**

★☆☆

05 피청구인 대통령의 개성공단 운영 전면중단 결정과, 피청구인 통일부장관의 개성공단 철수계획 마련, 관련 기업인들에 대한 통보, 개성공단 전면중단 성명 발표 및 집행 등 일련의 행위로 이루어진 개성공단 운영 전면중단 조치에 대한 개성공단 투자기업 청구인들의 심판청구를 모두 기각하고, 나머지 청구인들의 심판청구를 모두 각하하였다.

헌재 2022.1.27. 2016헌마364 기각 | 각하

[1] 이 사건 중단조치에 대한 사법심사가 배제되어야 하는지 여부

이 사건 중단조치가 북한의 핵무기 개발로 인한 위기에 대처하기 위한 조치로서 국가안보와 관련된 대통령의 의사 결정을 포함하고 그러한 의사 결정이 고도의 정치적 결단을 요하는 문제이기는 하나, 그 의사 결정에 따른 조치 결과 투자기업인 청구인들의 영업의 자유 등 기본권에 제한이 발생하였다. 그리고 국민의 기본권 제한과 직접 관련된 공권력의 행사는 고도의 정치적 고려가 필요한 대통령의 행위라도 헌법과 법률에 따라 정책을 결정하고 집행하도록 함으로써 국민의 기본권이 침해되지 않도록 견제하는 것이 국민의 기본권 보장을 사명으로 하는 헌법재판소 본연의 임무이므로, 그 한도에서 헌법소원심판의 대상이 될 수 있다. 따라서 이 사건 헌법소원심판이 사법심사가 배제되는 행위를 대상으로 한 것이어서 부적법하다고는 볼 수 없다.

[2] 이 사건 중단조치는 과잉금지원칙에 위반되어 투자기업인 청구인들의 영업의 자유와 재산권을 침해하지 아니한다.

THEME 08 ● 정 부

중요**기출지문**   헌재 2008.5.29. 2005헌라3 [기각 | 각하] 국가7급 12

감사원의 지방자치단체의 자치사무에 대한 합목적성 감사의 근거가 되는 감사원법 관련 규정 자체는 청구인들의 지방자치권의 본질을 침해하지 않는다.

THEME 09 ● 선거관리위원회

중요**기출지문**   헌재 2019.9.26. 2016헌바381 [합헌] 법원5급 20

각급선거관리위원회 위원·직원의 선거범죄 조사에 있어서 피조사자에게 자료제출의무를 부과한 공직선거법 제272조의2 제3항 중 '제1항의 규정에 의한 자료의 제출을 요구받은 자'에 관한 부분 및 허위자료를 제출하는 경우 형사처벌하는 구 공직선거법 제256조 제5항 제12호 중 '제272조의2 제3항의 규정에 위반하여 허위의 자료를 제출한 자'에 관한 부분은 헌법에 위반되지 않는다.

— ●

선거관리위원회의 본질적 기능은 선거의 공정한 관리 등 행정기능이고, 그 효과적인 기능 수행과 집행의 실효성을 확보하기 위한 수단으로서 선거범죄 조사권을 인정하고 있다. 심판대상조항에 의한 자료제출요구는 위와 같은 조사권의 일종으로서 행정조사에 해당하고, 선거 범죄 혐의 유무를 명백히 하여 공소의 제기와 유지 여부를 결정하려는 목적으로 범인을 발견·확보하고 증거를 수집·보전하기 위한 수사기관의 활동인 수사와는 근본적으로 그 성격을 달리한다. 심판대상조항에 의한 자료제출요구는 그 성질상 대상자의 자발적 협조를 전제로 할 뿐이고 물리적 강제력을 수반하지 아니한다. 심판대상조항은 피조사자로 하여금 자료제출요구에 응할 의무를 부과하고, 허위 자료를 제출한 경우 형사처벌하고 있으나, 이는 형벌에 의한 불이익이라는 심리적, 간접적 강제수단을 통하여 진실한 자료를 제출하도록 함으로써 조사권 행사의 실효성을 확보하기 위한 것이다. 이와 같이 심판대상조항에 의한 자료제출요구는 행정조사의 성격을 가지는 것으로 수사기관의 수사와 근본적으로 그 성격을 달리하며, 청구인에 대하여 직접적으로 어떠한 물리적 강제력을 행사하는 강제처분을 수반하는 것이 아니므로 영장주의의 적용 대상이 아니다.

THEME 10 · 지방자치제도

중요기출지문   헌재 2016.10.27. 2014헌마797 각하   변호사 20

지방자치단체의 장 선거권은 헌법상 보장되는 기본권이다. 지방자치단체의 장 선거에서 후보자 등록 마감시간까지 후보자 1인만이 등록한 경우 투표를 실시하지 않고 그 후보자를 당선인으로 결정하도록 하는 공직선거법 제191조 제3항 중 제188조 제2항의 '후보자등록 마감시각에 지역구 국회의원 후보자가 1인'이 된 때에 관한 부분을 준용하는 것은 청구인의 선거권을 침해하지 않는다.

— ·

선거의 대상이 되는 대통령과 지방자치단체의 장은 둘 다 선거에 의해 취임한 공직자의 신분이라 하더라도 그 지위와 성격, 기관의 직무 및 기능에서 본질적인 차이가 있다.[

THEME 11 · 군사제도

MEMO

사법부

통치구조론

THEME 12 • **사법부**

중요기출지문　　　　　　　　　　　　　헌재 2016.9.29. 2015헌바331　합헌　지방7급 20

판사의 근무성적평정에 관한 사항을 대법원규칙으로 정하도록 위임한 구 법원조직법 제44조의2 제2항은 포괄위임금지원칙에 위배되지 않는다.

— •

청구인은 이 사건 근무평정조항이 근무성적평정의 내용 및 절차를 하위법규인 대법원규칙에 백지위임하고 있으므로 포괄위임금지원칙에 위반될 뿐만 아니라, 헌법상 재판의 독립과 법관의 신분보장 규정에도 반한다고 주장한다. 그런데 이 사건 근무평정조항은 판사의 근무성적평정에 관한 사항을 대법원규칙에 위임하는 수권조항으로, 법률조항 자체에서 근무성적평정의 내용이나 법관의 신분변동에 영향을 주는 사항을 직접 규정하지 않고 있으므로 사법의 독립이나 법관의 신분보장을 직접 제한하는 조항이라고 볼 수 없다.

근무성적이 현저히 불량하여 판사로서 정상적인 직무를 수행할 수 없는 경우에 연임발령을 하지 않도록 규정한 구 법원조직법 제45조의2 제2항 제2호는 명확성원칙에 위배되지 않는다. 이 사건 연임결격조항이 사법의 독립을 침해하지 않는다.

MEMO

CONSTITUTION

통치구조론

헌법재판소와 헌법소송

THEME 13 ● **헌법재판소 일반론**

THEME 14 ● **위헌법률심판**

★☆☆

06 검사만 치료감호를 청구할 수 있고 법원은 검사에게 치료감호청구를 요구할 수 있다고만 규정한 '치료감호 등에 관한 법률' 조항은 형사사건인 당해사건에서 재판의 전제성이 인정된다.

헌재 2016.10.27. 2014헌마797 <u>기각</u>

가. 재판의 전제성 요건을 판단함에 있어서는 되도록 제청법원의 법률적 견해를 존중하여야 한다. 치료감호에 대한 재판과 피고사건에 대한 재판은 별개의 재판이지만, 양자는 서로 긴밀하게 연관되어 있으므로, 피고사건을 선고할 때 치료감호사건에 대하여도 고려를 할 수밖에 없다. 따라서 이 사건 법률조항들은 당해사건에서 재판의 전제성이 인정된다.

나. 피고인 스스로 치료감호를 청구할 수 있는 권리나, 법원으로부터 직권으로 치료감호를 선고받을 수 있는 권리는 헌법상 재판청구권의 보호범위에 포함되지 않는다. 공익의 대표자로서 준사법기관적 성격을 가지고 있는 검사에게만 치료감호 청구권한을 부여한 것은, 본질적으로 자유박탈적이고 침익적 처분인 치료감호와 관련하여 재판의 적정성 및 합리성을 기하기 위한 것이므로 적법절차원칙에 반하지 않는다. 그렇다면 이 사건 법률조항들은 재판청구권을 침해하거나 적법절차원칙에 반한다고 보기 어렵다.

THEME 15 · 위헌심사형 헌법소원

중요기출지문　　　　　　　　　　헌재 2020.3.26. 2016헌바55 `합헌 | 각하` `법원9급 21`

소송대리권을 수여한 사실이 인정되지 않아 당해사건이 부적법하다는 이유로 소 각하 판결이 확정된 일부 청구인들의 심판청구는 법률의 위헌 여부를 따져 볼 필요 없이 각하를 면할 수 없으므로, 재판의 전제성이 인정되지 않아 부적법하다.

THEME 16 · 권리구제형 헌법소원

★★☆

07 구 조세감면규제법 부칙 제23조에 대한 헌법재판소의 한정위헌결정의 기속력을 부인한 법원의 재판(재심기각판결 및 재심상고기각판결)은 청구인의 재판청구권을 침해한 것이므로 이를 취소한다는 결정을 선고하였다.　　헌재 2022.7.21. 2013헌마242 `재판취소`

[재판취소 사건]

★★☆

08 헌법재판소법 제68조 제1항 본문 중 '법원의 재판' 가운데 '법률에 대한 위헌결정의 기속력에 반하는 재판' 부분은 헌법에 위반되고, 법률에 대한 일부위헌결정에 해당하는 헌재 2012.12. 27. 2011헌바117 결정의 기속력을 부인한 법원의 재판(재심기각결정)은 청구인들의 재판청구권을 침해한 것이므로 이를 취소한다.　　헌재 2022.6.30. 2014헌마760 `일부위헌 | 재판취소`

[재판취소 사건]

● 법률에 대한 규범통제로서 한정위헌결정의 기속력
○ 헌법재판소가 법률의 위헌성 심사를 하면서 합헌적 법률해석을 하고 그 결과로서 이루어지는 한정위헌결정도 일부위헌결정으로서, 헌법재판소가 헌법에서 부여받은 위헌심사권을 행사한 결과인 법률에 대한 위헌결정에 해당한다.

● **재판소원금지조항의 위헌 여부에 대한 판단**

○ 헌법이 법률에 대한 위헌심사권을 헌법재판소에 부여하고 있으므로, 법률에 대한 위헌결정의 기속력을 부인하는 법원의 재판은 그 자체로 헌법재판소 결정의 기속력에 반하는 것일 뿐만 아니라 법률에 대한 위헌심사권을 헌법재판소에 부여한 헌법의 결단에 정면으로 위배된다.

○ 헌법의 최고규범성을 수호하고 헌법이 헌법재판소에 부여한 법률에 대한 위헌심사권을 회복하기 위해서는 헌법재판소법 제68조 제1항 본문의 '법원의 재판'의 범위에서 '법률에 대한 위헌결정의 기속력에 반하는 재판' 부분을 명시적으로 제외하는 위헌결정을 하고, 위와 같은 법원의 재판에 대해서 예외적으로 헌법소원심판을 허용할 필요가 있다.

○ 헌법재판소는 헌재 2016.4.28. 2016헌마33 사건에서 헌법재판소법 제68조 제1항 본문 중 '법원의 재판' 가운데 '헌법재판소가 위헌으로 결정한 법령을 적용함으로써 국민의 기본권을 침해한 재판' 부분에 대하여 위헌결정을 한 바 있다. 그러나 위 결정의 효력은 위 부분에 국한되므로, 재판소원금지조항의 적용 영역에서 '법률에 대한 위헌결정의 기속력에 반하는 재판' 부분을 모두 제외하기 위해서는 해당 부분에 대한 별도의 위헌결정이 필요하다.

○ 따라서 헌법재판소는 이번 결정에서 재판소원금지조항 가운데 '법률에 대한 위헌결정의 기속력에 반하는 재판' 부분은 헌법에 위반된다고 선언한다.

● **이 사건 재심기각결정들에 대한 판단**

○ 헌법재판소는 2012.12.27. 2011헌바117 결정에서 "형법 제129조 제1항의 '공무원'에 구 '제주특별자치도 설치 및 국제자유도시 조성을 위한 특별법' 제299조 제2항의 제주특별자치도통합영향평가심의위원회 심의위원 중 위촉위원이 포함되는 것으로 해석하는 한 헌법에 위반된다."는 한정위헌결정을 하였다. 이는 형벌 조항의 일부가 헌법에 위반되어 무효라는 내용의 일부위헌결정으로, 법 제75조 제6항, 제47조 제1항에 따라 법원과 그 밖의 국가기관 및 지방자치단체에 대하여 기속력이 있다.

○ 그런데 이 사건 재심기각결정들은 이 사건 한정위헌결정의 기속력을 부인하여 헌법재판소법에 따른 청구인들의 재심청구를 기각하였다.

○ 따라서 이 사건 재심기각결정들은 모두 '법률에 대한 위헌결정의 기속력에 반하는 재판'으로 이에 대한 헌법소원은 허용되고 청구인들의 헌법상 보장된 재판청구권을 침해하였으므로, 법 제75조 제3항에 따라 취소되어야 한다.

● **이 사건 유죄판결들에 대한 판단**

○ 형벌 조항은 위헌결정으로 소급하여 그 효력을 상실하지만, 위헌결정이 있기 이전의 단계에서 그 법률을 판사가 적용하는 것은 제도적으로 정당성이 보장된다. 따라서 아직 헌법재판소에 의하여 위헌으로 선언된 바가 없는 법률이 적용된 재판을 그 뒤에 위헌결정이 선고되었다는 이유로 위법한 공권력의 행사라고 하여 헌법소원심판의 대상으로 삼을 수는 없다.

○ 청구인들에 대한 유죄판결은 이 사건 한정위헌결정이 이루어지기 전에 확정된 재판으로 그에 대한 구제는 재심절차에 의해서만 가능하다. 따라서 이 사건 한정위헌결정 이전에 확정된 청구인들에 대한 유죄판결은 법률에 대한 위헌결정의 기속력에 반하는 재판이라고 볼 수 없으므로 이에 대한 심판청구는 부적법하다.

★★☆

09 청구인은 서울시가 서울특별시립 다시서기종합지원센터에서 위 센터 이용자 중 코로나바이러스 백신 미접종자에 대해 1주일 단위로 코로나19 검사를 실시하여 음성확인을 의무화하도록 한 행위가 자신의 평등권을 침해한다고 주장하면서 헌법소원심판을 청구하였다. 헌법재판소는 2022년 3월 31일 재판관 전원일치 의견으로, 청구인의 심판청구를 각하한다는 결정을 선고하였다.

헌재 2022.3.31. 2021헌마1380 **각하**

[코로나바이러스 백신 미접종자 음성확인 의무화 사건]

★★☆

10 대한행정사회 설치를 내용으로 하는 행정사법 제26조가 개정되어 2021.6.10. 시행될 예정인데, 이 사건 의결과 관련된 법률관계는 설립준비위원회의 내부적 행위로서 행정사법상 특별한 공법적 규제를 찾아볼 수 없고, 달리 헌법소원으로 다툴 수 있는 '공권력의 행사'에 해당한다고 볼 자료가 없다.

헌재 2021.1.26. 2021헌마55 **각하**

공법인의 행위라도 언제나 '공권력의 행사'가 되는 것은 아니며, 행정청이나 공법인의 행위 중에서도 대외적 구속력을 갖지 않는 내부적 행위나 사법상의 행위는 기본적으로 헌법소원의 대상이 되지 아니한다.

★☆☆

11 · 청구인은 자신에 대한 형사재판에서 국선변호인으로 선정된 변호사가 불성실하게 조력한 행위에 대하여 이 사건 헌법소원심판을 청구하였으나, 청구인이 심판을 구하는 국선변호인의 행위는 공권력의 행사 또는 불행사가 아닌 사인으로서의 행위에 불과하여 헌법소원심판의 대상이 되지 아니한다.　　　　　　　　　　　　　　　　　헌재 2021.1.26. 2021헌마85　각하

★★★

12 · 수용관리 및 계호업무 등에 관한 지침 제462조 제3항은 교정기관에 수용 중인 수용자가 민사재판 등의 소송수행을 목적으로 출정하는 경우에 소요되는 비용의 납부절차 등에 필요한 사항을 정한 법무부훈령으로서, 법령의 위임근거가 없는 행정기관내부의 업무처리지침 내지 사무처리준칙으로서의 행정규칙에 불과할 뿐 법규적 효력을 가지는 것은 아니라 할 것이므로, 헌법소원심판청구 대상이 되는 공권력 행사에 해당하지 않는다.　　　　　　　헌재 2021.1.19. 2020헌마1732　각하

──── •

피청구인은 위 수용관리 및 계호업무 등에 관한 지침에 따라 청구인으로부터 출정비용 중 일부를 영치금에서 공제하였는데, 이러한 행위는 일종의 상계행위로 수용자로 인해 소요되는 비용을 반환받는 것이므로, 사경제의 주체로서 행하는 사법상의 법률행위에 불과하여 헌법소원심판의 대상이 되는 공권력의 행사에 해당한다고 할 수 없다.
온누리(지류)상품권의 성질상 교도행정 및 영치금품 관리를 담당하는 피청구인이 지류상품권을 금전으로 환가하여 사용하게 해 줄 권한이나 의무가 있다고 보기 어렵고 그와 같은 거절행위 때문에 청구인에게 어떠한 기본권 침해 가능성이 있다고 보이지도 않는다.

★★☆

13 정부가 2020.12.29. 코로나19 재확산으로 피해를 입은 사람들을 지원하기 위하여 2021년에 집행할 예정인 피해지원대책을 발표한 것으로서, 위 피해지원대책의 실제 집행을 위하여는 국무회의의 예비비 지출 의결 등의 절차를 거쳐야 하고 그 과정에서 당초의 계획 내용이 그대로 실현되지 아니하고 변경될 가능성도 있다. 따라서 이 사건 대책은 비구속적 행정계획안에 불과하여 그 자체로 청구인의 기본권에 직접적으로 영향을 미친다고 볼 수 없고 장차 법령의 뒷받침에 의하여 그대로 실시될 것이 틀림없을 것으로 예상된다고 보기도 어려우므로, 이 부분에 대한 심판청구는 헌법소원의 대상이 되는 공권력의 행사에 대한 것으로 볼 수 없다.

헌재 2021.2.9. 2021헌마20 　각하

★☆☆

14 수형자에 대한 직업훈련대상선발 등은 수형자의 교정교화와 건전한 사회복귀 등의 목적에 따라 구체적인 사항을 참작하여 교정시설의 장이 결정하는 것이고, 수형자가 직업훈련대상선발을 요청하는 경우에 소장이 이를 반드시 허용하여야 하는 것이 아니다. 즉, 청구인과 같은 수형자에게는 직업훈련교육 등을 신청할 권리가 있다고 할 수 없고, 소장에게는 직업훈련 대상자를 선정할 재량권이 있을 뿐이다. 따라서 피청구인이 청구인의 직업훈련생 선발 신청을 거부하였다고 하더라도, 이 거부행위는 헌법소원의 대상이 되는 공권력행사라고 볼 수 없다.

헌재 2021.2.9. 2021헌마76 　각하

★ ☆ ☆

15 · 가석방은 수형자의 개별적인 요청이나 희망에 따라 행하여지는 것이 아니라 교정기관의 교정정책 혹은 형사정책적 판단에 따라 이루어지는 재량적 조치이므로, 수형자는 교정당국의 가석방이라는 구체적인 행정처분이 있을 때 비로소 형기만료 전 석방이라는 사실상의 이익을 얻게 될 뿐이고, 수형자에게 가석방이나 가석방 적격심사를 신청할 주관적 권리가 있는 것은 아닌바, 위 지침(가석방에 관한 지침)으로 인하여 청구인의 구체적이고 직접적인 법적 지위가 불리하게 변경된다고 보기도 어려우므로, 헌법소원의 대상이 되는 공권력 행사에 해당하지 아니한다.

헌재 2021.2.9. 2021헌마80   각하

★ ☆ ☆

16 · 재정신청이 허용되는 검사의 불기소처분에 대하여는 검찰청법 제10조에 따른 항고를 거쳐, 관할 고등법원에 재정신청을 하는 방법으로 권리구제를 받아야 하고(형사소송법 제260조 제1항, 제2항), 헌법재판소에 헌법소원을 청구하는 방법으로는 권리구제를 받을 수 없다.

헌재 2021.2.2. 2021헌마82   각하

이 사건 불기소처분은 청구인이 모해위증의 피해자로서 고소한 사건에 관한 것이어서, 청구인은 재정신청을 하는 방법으로 권리구제를 받을 수 있다. 그럼에도 청구인은 이러한 구제절차를 거친 사실이 없어, 이 사건 심판청구는 보충성 원칙에 어긋나는 것이므로 부적법하다.

★★☆

17 · 한국인 BC급 전범들이 일본에 대하여 가지는 청구권이 '대한민국과 일본국 간의 재산 및 청구권에 관한 문제의 해결과 경제협력에 관한 협정' 제2조 제1항에 의하여 소멸되었는지 여부에 관한 한·일 양국 간 해석상 분쟁을 위 협정 제3조가 정한 절차에 따라 해결하지 아니하고 있는 피청구인(외교부장관)의 부작위가 청구인들의 기본권을 침해하는지 여부에 대하여 재판관 5인의 의견으로 각하결정을 하였다. 헌재 2021.8.31. 2014헌마888 [각하]

가. 국제전범재판에 따른 처벌로 인한 피해 부분

우리 헌법 전문은 국제평화주의를 천명하고 있고, 이러한 사정들을 종합하면, 국내의 모든 국가기관은 헌법과 법률에 근거하여 국제전범재판소의 국제법적 지위와 판결의 효력을 존중하여야 한다.

일제강점기 한국인 BC급 전범들이 일제에 의하여 포로감시원으로 강제동원되어 일본군의 명령에 따라 연합군 포로들을 감시하다가 국제전범재판소에 회부되어 제대로 된 조력을 받지 못하고 처벌을 받은 안타까운 역사적 사실은 인정된다. 그러나 국제전범재판소 판결은 국제법적으로 유효하고, 피청구인을 비롯한 국내 국가기관이 이를 존중하여야 함은 앞서 본 바와 같다. 따라서 국제전범재판소 판결에 따른 처벌을 받아서 생긴 한국인 BC급 전범의 피해 보상 문제를 일본군위안부 피해자나 원폭피해자 등이 가지는 일제의 반인도적 불법행위로 인한 배상청구권의 문제와 동일한 범주로 보아서 이 사건 협정의 대상이 된다고 보기 어렵다.

이에 따라 한국인 BC급 전범들이 국제전범재판에 따른 처벌로 입은 피해와 관련하여 피청구인에게 이 사건 협정 제3조에 따른 분쟁해결절차에 나아가야 할 구체적 작위의무가 인정된다고 보기 어려우므로 이 부분과 관련한 심판청구는 부적법하다.

나. 일제의 강제동원으로 인한 피해 부분

적어도 한국인 BC급 전범들에 대한 일제의 강제동원으로 인한 피해에 관한 일본의 책임과 관련하여 한국과 일본 사이에 이 사건 협정 해석 및 실시상의 분쟁이 성숙하여 현실적으로 존재한다고 결론을 내리기 어렵다. 따라서 피청구인에게 이 사건 협정 제3조에 따른 분쟁해결절차에 나아가야 할 작위의무가 인정된다고 보기 어렵다.

★★☆

18 · '금융위원회가 시중 은행들을 상대로 가상통화 거래를 위한 가상계좌의 신규 제공을 중단하도록 한 조치' 및 '금융위원회가 가상통화 거래 실명제를 2018.1.30.부터 시행하도록 한 조치'는 헌법소원의 대상이 되는 공권력의 행사에 해당하지 아니하여 그에 관한 심판청구는 부적법하므로 이를 모두 각하한다. 헌재 2021.11.25. 2017헌마1384 [각하]

이 사건 조치는, 금융기관에 방향을 제시하고 자발적 호응을 유도하려는 일종의 '단계적 가이드라인'일 따름이다. 그러므로 이 사건 조치는 당국의 우월적인 지위에 따라 일방적으로 강제된 것으로 볼 수 없고, 나아가 헌법소원의 대상이 되는 공권력의 행사에 해당된다고 볼 수 없으므로, 이 사건 심판청구는 모두 부적법하다.

★★☆

19 양육비 대지급제 등 보다 실효성 있는 양육비 지급확보에 관한 법률을 제정하지 아니한 입법 부작위의 위헌확인을 구하는 심판청구에 대하여, 양육비 지급확보에 관한 기존의 여러 입법 이외에 양육비 대지급제 등과 같은 구체적·개별적 사항에 대한 입법의무가 헌법해석상 새롭게 발생한다고 볼 수 없다는 이유로 심판청구를 각하하는 결정을 선고하였다.

헌재 2021.12.23. 2019헌마168 　각하

THEME 17 · **권한쟁의심판**

★★★

20 경기도가 2021.4.1. 남양주시에 통보한 종합감사 실시계획에 따른 자료요구서식에 의한 자료 제출요구 중, 자치사무에 관한 부분은 헌법 및 지방자치법에 의하여 부여된 남양주시의 지방 자치권을 침해한다.

헌재 2022.8.31. 2021헌라1 　인용

— ·

[남양주시 자치사무 감사에 관한 권한쟁의 사건]

가. 이 사건 자료제출요구의 목적 및 범위
○ 이 사건 기록 및 변론내용에 의하면 이 사건 자료제출요구는 ① 피청구인의 청구인에 대한 종합감사 계획에 포함되어, 사전조사 및 감사 절차 직전에 오로지 사전조사 및 감사 대상을 특정하기 위한 목적으로 이루어진 것이고, ② 청구인의 자치사무 전 분야에 걸쳐 그 구체적인 업무처리 내용을 압축적으로 요약하는 형식으로 제출할 것을 요구하는 것으로서 내용적으로 사전적·일반적인 자료 요청이며, ③ 피청구인의 청구인에 대한 마지막 종합 감사 이후 현재까지의 기간 동안에 수행된 업무 내용을 포괄하는 것으로 시기적으로도 정기적인 자료요청에 해당한다.
○ 이러한 점을 종합적으로 고려할 때, 이 사건 자료제출요구는 피청구인의 청구인에 대한 감사 절차의 일환으로서 청구인의 자치사무 전반에 대한 사전적·일반적 자료제출요청이고, 피청구인은 이를 통하여 청구인의 자치사무 처리와 관련된 문제점을 발견하거나 취약 분야를 확인하여 감사대상을 발굴할 목적이 있었음을 인정할 수 있다.

나. 이 사건 자료제출요구의 위법·위헌 여부(적극)
○ 이 사건 자료제출요구는 그 목적이나 범위에서 감독관청의 일상적인 감독권 행사를 벗어난 것으로 구 지방자치법 제171조 제1항 전문 전단에서 예정하고 있는 보고수령 권한의 한계를 준수하였다고 볼 수 없으며, 사전조사 업무에 대한 수권조항인 구 '지방자치단체에 대한 행정감사규정' 제7조 제2항 제3호를 근거로 적법하다고 볼 여지도 없다.
○ 자치사무는 지방자치단체가 주민의 복리를 위하여 법령의 범위 안에서 그 처리 여부와 방법을 자기책임 아래 결정할 수 있는 사무로서 지방자치권의 최소한의 본질적 사항이다. 지방자치단체의 자치권 보장을 위하여 자치 사무에 대한 감사는 합법성 감사로 제한되어야 하는바, 포괄적·사전적 일반감사나 법령위반사항을 적발하기 위한 감사는 합목적성 감사에 해당하므로 구 지방자치법 제171조 제1항 후문 상 허용되지 않는다는 점은 헌법재판소가 2009.5.28. 2006헌라6 결정에서 확인한 바 있다. 이 사건 자료제출요구는 헌법재판소가 위 결정에서 허용될 수 없다고 확인한 자치사무에 대한 포괄적·사전적 감사나 법령위반사항을 적발하기 위한 감사 절차와 그 양태

나 효과가 동일하고, 감사자료가 아닌 사전조사자료 명목으로 해당 자료를 요청하였다고 하여 그 성질이 달라진 다고 볼 수 없다.

○ 따라서, 이 사건 자료제출요구는 합법성 감사로 제한되는 자치사무에 대한 감사의 한계를 벗어난 것으로서 헌법 상 청구인에게 보장된 지방자치권을 침해한다.

★★☆

21 · 정당은 헌법 제111조 제1항 제4호 및 헌법재판소법 제62조 제1항 제1호의 '국가기관'에 해당한다고 볼 수 없으므로, 권한쟁의심판의 당사자능력이 인정되지 아니한다.

헌재 2020.5.27. 2019헌라6 기각

정당은 국민의 자발적 조직으로, 그 법적 성격은 일반적으로 사적·정치적 결사 내지는 법인격 없는 사단으로서 공권력 의 행사 주체로서 국가기관의 지위를 갖는다고 볼 수 없다. 정당이 국회 내에서 교섭단체를 구성하고 있다고 하더라도, 헌법은 권한쟁의심판청구의 당사자로서 국회의원들의 모임인 교섭단체에 대해서 규정하고 있지 않고, 교섭단체의 권한 침해는 교섭단체에 속한 국회의원 개개인의 심의·표결권 등 권한 침해로 이어질 가능성이 높아 그 분쟁을 해결할 적당한 기관이나 방법이 없다고 할 수 없다. 따라서 정당은 헌법 제111조 제1항 제4호 및 헌법재판소법 제62조 제1항 제1호의 '국가기관'에 해당한다고 볼 수 없으므로, 권한쟁의심판의 당사자능력이 인정되지 아니한다.

★☆☆

22 · 안건조정위원회 위원장은 권한쟁의심판의 당사자가 될 수 없다.

헌재 2020.5.27. 2019헌라5 기각 | 각하

국회법 제57조의2에 근거한 안건조정위원회 위원장은 국회법상 소위원회의 위원장으로서 헌법 제111조 제1항 제4호 및 헌법재판소법 제62조 제1항 제1호의 '국가기관'에 해당한다고 볼 수 없으므로, 청구인들의 피청구인 조정위원장의 가결선포행위에 대한 청구는 권한쟁의심판의 당사자가 될 수 없는 피청구인을 대상으로 하는 청구로서 부적법하다.

★☆☆

23 · 교섭단체는 권한쟁의심판의 당사자능력이 없다.

헌재 2020.5.27. 2019헌라6 기각

교섭단체의 권한 침해는 교섭단체에 속한 국회의원 개개인의 심의·표결권 등 권한 침해로 이어질 가능성이 높은바, 교섭단체와 국회의장 등 사이에 분쟁이 발생하더라도 국회의원과 국회의장 등 사이의 권한쟁의심판으로 해결할 수 있다. 따라서 위와 같은 분쟁을 해결할 적당한 기관이나 방법이 없다고 할 수 없다. 이러한 점을 종합하면, 교섭단체는 그 권한침해를 이유로 권한쟁의심판을 청구할 수 없다.

★★☆

24 · 국회 소위원회 위원장은 권한쟁의심판의 당사자능력이 인정되지 않는다.

헌재 2020.5.27. 2019헌라4 각하

소위원회 위원장은 헌법 제111조 제1항 제4호 및 헌법재판소법 제62조 제1항 제1호의 '국가기관'에 해당한다고 볼 수 없고, 그렇다면 청구인 국회 행정안전위원회 제천화재관련평가소위원회 위원장이 제기한 이 사건 권한쟁의심판 청구는 청구인능력이 없는 자가 제기한 것으로서 부적법하다.

★☆☆

25 · 재정자립도가 상대적으로 높은 보통교부세 불교부단체에 대하여 조정교부금을 우선 배분하는 특례를 삭제하는 대통령의 개정행위는 청구인들의 자치재정권을 침해한다고 볼 수 없다.

헌재 2019.4.11. 2016헌라7 기각

지방자치단체별로 세입규모와 서비스 비용이 다른 상황에서 국가와 지방자치단체는 대한민국 국민이 어디에 살든 일정한 기본행정서비스를 제공받을 수 있도록 노력할 의무가 있다. 지방자치단체의 재정자립도가 상당히 낮은 현실에서 국가는 다양한 방법으로 국가와 지방자치단체 간, 그리고 광역지방자치단체와 기초지방자치단체 간의 재원이전에 관한 제도를 시행할 수밖에 없으며, 국가 재정이 소요되는 국고보조금과 지방교부세 외에 광역자치단체의 재원이 소요되는 조정교부금의 배분에 있어서도 지방재정의 형평성 확보를 위해 필요한 경우 그 배분에 관여할 수 있다. 이 사건 개정행위는 광역지방자치단체 내에서 재정자립도가 상대적으로 높은 보통교부세 불교부단체에 대하여 조정교부금을 우선 배분하는 특례를 삭제함으로써 재정력이 상대적으로 약한 같은 광역지방자치단체 내 다른 시·군에 대하여 조정교부금을 확대하여 공정하고 합리적인 지방재정 조정을 통한 재정균형을 도모하기 위한 것이다. 이로 인하여 청구인들의 자치재정권이 다소 제한을 받는다 하더라도, 청구인들의 고유한 자치권한을 유명무실하게 할 정도의 지나친 제한이라고 보기는 어렵다. 따라서 이 사건 개정행위는 청구인들의 자치재정권을 침해한다고 볼 수 없고, 이를 무효라고 할 수도 없다.

★☆☆

26 · 지방자치단체가 사회보장기본법상의 협의·조정을 거치지 아니하거나 그 결과를 따르지 아니하고 사회보장제도를 신설 또는 변경하여 경비를 지출한 경우 행정안전부장관이 교부세를 감액하거나 반환을 명할 수 있는 것으로 대통령이 2015.12.10. 대통령령 제26697호로 지방교부세법 시행령 제12조 제1항 제9호를 개정한 행위가 서울특별시의 자치권한을 침해하였거나 침해할 현저한 위험이 있다고 인정되지 않는다.

헌재 2019.4.11. 2016헌라3 각하

이 사건 심판청구가 적법하려면 이 사건 시행령조항의 내용으로 인하여 실제로 청구인에게 권한침해가 발생하였거나 적어도 권한 침해의 현저한 위험이 인정되어야 한다. 그런데 이 사건 시행령조항 및 모법인 지방교부세법 제11조 제2항은 '지방자치단체가 협의·조정을 거치지 않거나 그 결과를 따르지 아니하고 경비를 지출한 경우 지방교부세를 감액하거나 반환하도록 명할 수 있다.'는 것에 불과하므로 실제로 지방교부세가 감액되거나 반환되지 않는 이상 권한침해가 현실화되었다고 보기는 어렵고, 그 전에는 조건 성립 자체가 유동적이므로 권한침해의 현저한 위험, 즉 조만간에 권한침해에 이르게 될 개연성이 현저하게 높은 상황이라고 보기도 어렵다. 따라서 이 사건 개정행위 자체로써 지방자치단체의 자치권한의 침해가 확정적으로 현실화되었다거나 자치권한을 침해할 현저한 위험이 인정된다고 보기는 어렵다.

MEMO

부 록

최신 판례지문 OX

PART 01 헌법총론

01. 의료사고 피해구제 및 의료분쟁 조정 등에 관한 법률 제47조 제2항의 '보건의료기관개설자는 제1항에 따른 손해배상금의 대불에 필요한 비용을 부담하여야 하고, 그 금액과 납부방법 및 관리 등에 관하여 필요한 사항은 대통령령으로 정한다'에서 '납부방법 및 관리 등'은 포괄위임금지원칙에 위배된다.　　　ㅇ|×

[×] 의료사고 피해구제 및 의료분쟁 조정 등에 관한 법률 제47조 제2항의 '보건의료기관개설자는 제1항에 따른 손해배상금의 대불에 필요한 비용을 부담하여야 하고, 그 금액과 납부방법 및 관리 등에 관하여 필요한 사항은 대통령령으로 정한다'에서 '그 금액' 부분은 포괄위임금지원칙에 위배된다(헌재 2022.7.21. 2018헌바504).

02. 노인장기요양 급여비용의 구체적인 산정방법 등에 관하여 필요한 사항을 보건복지부령에 정하도록 위임한 노인장기요양보험법 제39조 제3항은 헌법에 위반되지 않는다.　　ㅇ|×

[○] 헌재 2021.8.31. 2019헌바73

03 한국전력공사가 전기사용자에게 전기요금을 부과하는 것이 국민의 재산권에 제한을 가하는 행정작용에 해당하므로, 전기요금의 결정에 관한 내용은 반드시 입법자가 스스로 규율해야 하는 부분이므로, 전기판매사업자는 대통령령으로 정하는 바에 따라 전기요금과 그 밖의 공급조건에 관한 약관을 작성하여 산업통상자원부장관의 인가를 받는 것은 포괄위임금지원칙에 위배된다. ○ | ×

─ •

[×] 전기요금은 전기판매사업자가 전기사용자와 체결한 전기공급계약에 따라 전기를 공급하고 그에 대한 대가로 전기사용자에게 부과되는 것으로서, 조세 내지 부담금과는 구분된다. 즉 한국전력공사가 전기사용자에게 전기요금을 부과하는 것이 국민의 재산권에 제한을 가하는 행정작용에 해당한다고 볼 수 없다. 전기요금의 결정에는 전기를 공급하기 위하여 실제 소요된 비용과 투입된 자산에 대한 적정 보수, 전기사업의 기업성과 공익성을 조화시킬 수 있는 유인들, 산업구조나 경제상황 등이 종합적으로 고려되어야 하는바, 전기요금의 산정이나 부과에 필요한 세부적인 기준을 정하는 것은 전문적이고 정책적인 판단을 요할 뿐 아니라 기술의 발전이나 환경의 변화에 즉각적으로 대응할 필요가 있다. 전기요금의 결정에 관한 내용을 반드시 입법자가 스스로 규율해야 하는 부분이라고 보기 어려우므로, 심판대상조항은 의회유보원칙에 위반되지 아니한다(헌재 2021.4.29. 2017헌가25).

04 1945.8.9. 이후 성립된 거래를 전부 무효로 한 재조선미국육군사령부군정청 법령 제2호 제4조 본문과 1945.8.9. 이후 일본 국민이 소유하거나 관리하는 재산을 1945.9.25.자로 전부 미군정청이 취득하도록 정한 재조선미국육군사령부군정청 법령 제33호 제2조 전단 중 '일본 국민'에 관한 부분은 진정소급입법이므로 위헌이다. ○ | ×

─ •

[×] 심판대상조항은 진정소급입법에 해당하지만 진정소급입법이라 할지라도 예외적으로 법적 상태가 불확실하고 혼란스러웠거나 하여 보호할 만한 신뢰의 이익이 적은 경우나 신뢰보호의 요청에 우선하는 심히 중대한 공익상의 사유가 소급입법을 정당화하는 경우에는 허용될 수 있다. 1945.8.9.은 일본의 패망이 기정사실화된 시점으로, 그 이후 남한 내에 미군정이 수립되고 일본인의 사유재산에 대한 동결 및 귀속조치가 이루어지기까지 법적 상태는 매우 불확실하고 혼란스러웠으므로 1945.8.9. 이후 조선에 남아 있던 일본인들이 일본이 패망과 미군정이 수립에도 불구하고 그들이 한반도 내에서 소유하거나 관리하던 재산을 자유롭게 거래하거나 처분할 수 있다고 신뢰하였다 하더라도 그러한 신뢰가 헌법적으로 보호할 만한 가치가 있는 신뢰라고 보기 어렵다. 일본인들이 불법적인 한일병합조약을 통하여 조선 내에서 축적한 재산을 1945.8.9. 상태 그대로 일괄 동결시키고 그 산일과 훼손을 방지하여 향후 수립될 대한민국에 이양한다는 공익은, 한반도 내의 사유재산을 자유롭게 처분하고 일본 본토로 철수하고자 하였던 일본인이나, 일본의 패망 직후 일본인으로부터 재산을 매수한 한국인들에 대한 신뢰보호의 요청보다 훨씬 더 중대하다. 심판대상조항은 소급입법금지원칙에 대한 예외로서 헌법 제13조 제2항에 위반되지 아니한다(헌재 2021.1.28. 2018헌바88).

PART 02 **기본권론**

01 · 수염을 일률적·전면적으로 기르지 못하도록 강제하는 취업규칙 조항은 근로자의 헌법상 일반적 행동자유권을 침해하므로 근로기준법 제96조 제1항, 민법 제103조 등에 따라서 무효이다. ㅇㅣ×

— •

[○] 대판 2018.9.13. 2017두38560

02 · 이동통신사업자가 제공하는 전기통신역무를 타인의 통신용으로 제공하는 것을 원칙적으로 금지하고, 위반 시 형사처벌하는 전기통신사업법 제30조 본문 중 '누구든지 전기통신사업자 가운데 이동통신사업자가 제공하는 전기통신역무를 타인의 통신용으로 제공하여서는 아니 된다.' 부분 및 제97조 제7호 중 '전기통신사업자 가운데 이동통신사업자가 제공하는 전기통신역무를 타인의 통신용으로 제공한 자'에 관한 부분이 이동통신서비스 이용자의 일반적 행동자유권을 침해하지 않는다. ㅇㅣ×

— •

[○] 헌재 2022.6.30. 2019헌가14

03 · 누구든지 금융회사등에 종사하는 자에게 타인의 금융거래의 내용에 관한 정보 또는 자료를 요구하는 것을 금지하고, 이를 위반 시 형사처벌하는 구 '금융실명거래 및 비밀보장에 관한 법률' 제4조 제1항 본문과 제6조 제1항, '금융실명거래 및 비밀보장에 관한 법률' 제4조 제1항 본문은 일반적 행동자유권을 침해하지 않는다. ㅇㅣ×

──•

[×] 금융거래정보의 제공요구행위 자체만으로 형사처벌의 대상으로 삼고 있으나, 제공요구행위에 사회적으로 비난받을 행위가 수반되지 않거나, 금융거래의 비밀 보장에 실질적인 위협이 되지 않는 행위도 충분히 있을 수 있고, 명의인의 동의를 받을 수 없는 상황에서 타인의 금융거래정보가 필요하여 금융기관 종사자에게 그 제공을 요구하는 경우가 있을 수 있는 등 금융거래정보 제공요구행위는 구체적인 사안에 따라 죄질과 책임을 달리한다고 할 것임에도, 심판대상조항은 정보제공요구의 사유나 경위, 행위 태양, 요구한 거래정보의 내용 등을 전혀 고려하지 아니하고 일률적으로 금지하고, 그 위반 시 형사처벌을 하도록 하고 있다. 나아가, 금융거래의 비밀보장이 중요한 공익이라는 점은 인정할 수 있으나, 심판대상조항이 정보제공요구를 하게 된 사유나 행위의 태양, 요구한 거래정보의 내용을 고려하지 아니하고 일률적으로 일반 국민들이 거래정보의 제공을 요구하는 것을 금지하고 그 위반 시 형사처벌을 하는 것은 그 공익에 비하여 지나치게 일반 국민의 일반적 행동자유권을 제한하는 것이므로 과잉금지원칙에 반하여 일반적 행동자유권을 침해한다(헌재 2022.2.24. 2020헌가5).

04 · 명의신탁이 증여로 의제되는 경우 명의신탁의 당사자에게 증여세 과세표준 등의 신고의무를 부과하는 구 '상속세 및 증여세법' 조항은 헌법에 위반되지 아니한다. ○│×

──•

[○] 헌재 2022.2.24. 2019헌바225

05 · 근로자의 날을 공무원의 유급휴일에 해당하는 관공서의 공휴일로 규정하지 않았다고 하더라도 일반근로자에 비해 현저하게 부당하거나 합리성이 결여되어 있다고 볼 수 없어, 청구인들의 평등권을 침해한다고 볼 수 없다. ○│×

──•

[○] 헌재 2022.8.31. 2020헌마1025

06 · 현역병 등의 복무기간과는 달리 사관생도의 사관학교 교육기간을 연금 산정의 기초가 되는 복무기간에 산입할 수 있도록 규정하지 아니한 구 군인연금법 제16조 제5항 전문은 청구인들의 평등권을 침해한다.　　　　　　　　　　　　　　　　　　ㅇ | ×

———·

[×] 사관생도는 병역의무의 이행을 위해 본인의 의사와 상관없이 복무 중인 현역병 등과 달리 자발적으로 직업으로서 군인이 되기를 선택한 점, 사관생도의 교육기간은 장차 장교로서의 복무를 준비하는 기간으로 이를 현역병 등의 복무기간과 동일하게 평가하기는 어려운 점 등 군인연금법상 군 복무기간 산입제도의 목적과 취지, 현역병 등과 사관생도의 신분, 역할, 근무환경 등을 종합적으로 고려하면, 심판대상조항이 사관생도의 사관학교에서의 교육기간을 현역병 등의 복무기간과 달리 연금 산정의 기초가 되는 복무기간으로 산입할 수 있도록 규정하지 아니한 것이 현저히 자의적인 차별이라 볼 수 없다(헌재 2022.6.30. 2019헌마150).

07 · 원판결의 근거가 된 가중처벌규정에 대하여 헌법재판소의 위헌결정이 있었음을 이유로 개시된 재심절차에서, 공소장 변경을 통해 위헌결정된 가중처벌규정보다 법정형이 가벼운 처벌규정으로 적용법조가 변경되어 피고인이 무죄재판을 받지는 않았으나 원판결보다 가벼운 형으로 유죄판결이 확정된 경우, 재심판결에서 선고된 형을 초과하여 집행된 구금에 대하여 보상요건을 전혀 규정하지 아니한 '형사보상 및 명예회복에 관한 법률' 제26조 제1항은 헌법에 합치되지 아니한다.　　　　　　　　　　　　　　　　ㅇ | ×

———·

[○] 헌재 2022.2.24. 2018헌마998

08 · 국가를 상대로 하는 당사자소송의 경우에는 가집행선고를 할 수 없다고 규정한 행정소송법 제43조는 헌법에 위반되지 아니한다.　　　　　　　　　　　　　　　　ㅇ | ×

—

[×] 동일한 성격인 공법상 금전지급 청구소송임에도 피고가 누구인지에 따라 가집행선고를 할 수 있는지 여부가 달라진다면 상대방 소송 당사자인 원고로 하여금 불합리한 차별을 받도록 하는 결과가 된다. 재산권의 청구가 공법상 법률관계를 전제로 한다는 점만으로 국가를 상대로 하는 당사자소송에서 국가를 우대할 합리적인 이유가 있다고 할 수 없고, 집행가능성 여부에 있어서도 국가와 지방자치단체 등이 실질적인 차이가 있다고 보기 어렵다는 점에서, 심판대상조항은 국가가 당사자소송의 피고인 경우 가집행의 선고를 제한하여, 국가가 아닌 공공단체 그 밖의 권리주체가 피고인 경우에 비하여 합리적인 이유 없이 차별하고 있으므로 평등원칙에 반한다(헌재 2022.2.24. 2020헌가12).

09. 국공립어린이집, 사회복지법인어린이집, 법인·단체등어린이집 등과 달리 민간어린이집에는 보육교직원 인건비를 지원하지 않는 보건복지부지침은 민간어린이집을 운영하는 청구인의 평등권을 침해하지 않는다. ○|×

—

[○] 헌재 2022.2.24. 2020헌마177

10. 국민참여재판 배심원의 자격을 만 20세 이상으로 정한 국민의 형사재판 참여에 관한 법률 제16조 중 '만 20세 이상' 부분은 헌법에 위반되지 않는다. ○|×

—

[○] 헌재 2021.5.27. 2019헌가19

11. 형법 제314조 제1항 중 '위력으로써 사람의 업무를 방해한 자' 부분은 죄형법정주의의 명확성원칙에 위배되지 않는다. 심판대상조항은 책임과 형벌 간의 비례원칙에 위배되지 않고, 심판대상조항은 단체행동권을 침해하지 않는다. ○|×

—

[○] 헌재 2022.5.26. 2012헌바66

12· 대마를 수입한 자를 무기 또는 5년 이상의 징역에 처하도록 규정한 '마약류 관리에 관한 법률' 제58조 제1항 제5호 중 '대마를 수입한 자' 부분은 죄형법정주의의 명확성원칙에 위배된다. O | ×

[×] 대마를 수입한 자를 무기 또는 5년 이상의 징역에 처하도록 규정한 '마약류 관리에 관한 법률' 제58조 제1항 제5호 중 '대마를 수입한 자' 부분은 죄형법정주의의 명확성원칙에 반하지 않는다(헌재 2022.3.31. 2019헌바242).

13· 사람의 항거불능 상태를 이용하여 간음 또는 추행을 한 자를 형사처벌하는 형법 제299조 중 '항거불능' 부분은 명확성원칙에 위배된다. O | ×

[×] 사람의 항거불능 상태를 이용하여 간음 또는 추행을 한 자를 형사처벌하는 형법 제299조 중 '항거불능' 부분은 죄형법정주의의 명확성원칙에 위반되지 아니한다(헌재 2022.1.27. 2017헌바528).

14· 고속도로 등에서 부득이한 사정이 있는 경우를 제외하고 갓길로 통행할 수 없도록 금지하는 구 도로교통법 제60조 제1항 본문 중 '자동차의 운전자는 고속도로등에서 자동차의 고장 등 부득이한 사정이 있는 경우를 제외하고는 갓길로 통행하여서는 아니 된다.' 부분, 구 도로교통법 제156조 제3호 중 제60조 제1항 본문 가운데 위 해당 부분은 죄형법정주의에 위배된다. O | ×

[×] 고속도로 등에서 부득이한 사정이 있는 경우를 제외하고 갓길로 통행할 수 없도록 금지하는 구 도로교통법 제60조 제1항 본문 중 '자동차의 운전자는 고속도로등에서 자동차의 고장 등 부득이한 사정이 있는 경우를 제외하고는 갓길로 통행하여서는 아니 된다.' 부분, 구 도로교통법 제156조 제3호 중 제60조 제1항 본문 가운데 위 해당 부분은 모두 헌법에 위반되지 아니한다(헌재 2021.8.31. 2020헌바100).

15. 정보통신시스템 등의 운용을 방해할 수 있는 프로그램의 전달 또는 유포를 금지 및 처벌하도록 한 '정보통신망 이용촉진 및 정보보호 등에 관한 법률' 제48조 제2항 중 '운용을 방해할 수 있는 부분'이 죄형법정주의의 명확성원칙에 위배된다고 볼 수 없다.　　　○ | ×

———•

[○] 헌재 2021.7.15. 2018헌바428

16. 교도소장이 수용자의 변호인이 수용자에게 보낸 서신을 개봉한 후 교부한 행위는 변호인의 조력을 받을 권리를 침해한다.　　　○ | ×

———•

[×] 수용자에게 온 서신을 개봉하여 금지물품이 있는지를 확인하는 것은 위와 같은 목적을 달성할 수 있는 적합한 수단이 된다. 그러므로 이 사건 서신개봉행위는 과잉금지원칙에 위반되지 아니하므로 청구인의 변호인의 조력을 받을 권리를 침해하지 아니한다(헌재 2021.10.28. 2019헌마973).

17. 육군 장교가 민간법원에서 약식명령을 받아 확정되면 자진신고할 의무를 규정한 '2020년도 장교 진급 지시' 조항 및 '2021년도 장교 진급 지시' 조항은 일반적 행동의 자유를 제한하지 않는다.　　　○ | ×

———•

[×] 20년도 육군지시 자진신고조항은 일반적 행동의 자유를 제한하지만, 이는 법률유보원칙 또는 과잉금지원칙을 위배하여 청구인의 일반적 행동의 자유를 침해하지 않는다(헌재 2021.8.31. 2020헌마12).

18. 공무원이 지위를 이용하여 범한 공직선거법위반죄의 경우 해당 선거일 후 10년으로 공소시효를 정한 입법자의 판단은 합리적인 이유가 인정되지 않으므로 평등원칙에 위반된다. ○ | ×

———•

[×] 공무원이 지위를 이용하여 선거운동의 기획행위를 하는 것을 금지하고 이를 위반한 경우 형사처벌하는 한편, 공무원이 지위를 이용하여 범한 공직선거법위반죄의 경우 일반인이 범한 공직선거법위반죄와 달리 공소시효를 10년으로 정한 구 공직선거법 제86조 제1항 제2호 중 '공무원이 지위를 이용하여'에 관한 부분, 제255조 제1항 제10호 가운데 제86조 제1항 제2호 중 '공무원이 지위를 이용하여'에 관한 부분, 공직선거법 제268조 제3항 중 '<u>공무원이 지위를 이용하여 범한 공직선거법위반죄에 대해 공소시효를 10년으로 한 것</u>'에 관한 부분은 모두 헌법에 위반되지 않는다(헌재 2022.8.31. 2018헌바440).

19. 전기통신사업법 제83조 제3항 중 '검사 또는 수사관서의 장(군 수사기관의 장을 포함한다), 정보수사기관의 장의 수사, 형의 집행 또는 국가안전보장에 대한 위해 방지를 위한 정보수집을 위한 통신자료 제공요청'에 관한 부분에 대하여는 사후통지절차를 마련하지 않은 것이 적법절차원칙에 위배된다고 볼 수 없다. ○ | ×

———•

[×] 통신자료 제공요청이 있는 경우 통신자료의 정보주체인 이용자에게는 통신자료 제공요청이 있었다는 점이 사전에 고지되지 아니하며, 전기통신사업자가 수사기관 등에게 통신자료를 제공한 경우에도 이러한 사실이 이용자에게 별도로 통지되지 않는다. 그런데 당사자에 대한 통지는 당사자가 기본권 제한 사실을 확인하고 그 정당성 여부를 다툴 수 있는 전제조건이 된다는 점에서 매우 중요하다. 효율적인 수사와 정보수집의 신속성, 밀행성 등의 필요성을 고려하여 사전에 정보주체인 이용자에게 그 내역을 통지하도록 하는 것이 적절하지 않다면 수사기관 등이 통신자료를 취득한 이후에 수사 등 정보수집의 목적에 방해가 되지 않는 범위 내에서 통신자료의 취득사실을 이용자에게 통지하는 것이 얼마든지 가능하다. 그럼에도 <u>이 사건 법률조항은 통신자료 취득에 대한 사후통지절차를 두지 않아 적법절차원칙에 위배된다</u>(헌재 2022.7.21. 2016헌마388).

20. 음주측정거부 전력이 1회 이상 있는 사람이 다시 음주운전 금지규정 위반행위를 한 경우 2년 이상 5년 이하의 징역이나 1천만 원 이상 2천만 원 이하의 벌금에 처하도록 규정한 구 도로교통법 제148조의2 제1항 중 '제44조 제2항을 1회 이상 위반한 사람으로서 다시 같은 조 제1항을 위반한 사람'에 관한 부분은 헌법에 위반된다. ○ | ×

———•

[○] 헌재 2022.8.31. 2022헌가14

21. 음주측정거부 전력이 1회 이상 있는 사람이 다시 음주측정거부행위를 한 경우 2년 이상 5년 이하의 징역이나 1천만 원 이상 2천만 원 이하의 벌금에 처하도록 규정한 도로교통법 제148조의2 제1항 중 '제44조 제2항을 2회 이상 위반한 사람'에 관한 부분은 헌법에 위반 된다. ○ | ×

──・

[○] 헌재 2022.8.31. 2022헌가14

22. 음주운항 금지규정 위반 전력이 1회 이상 있는 사람이 다시 음주운항을 한 경우 2년 이상 5년 이하의 징역이나 2천만 원 이상 3천만 원 이하의 벌금에 처하도록 규정한 해사안전법 제104조의2 제2항은 책임과 형벌 간의 비례원칙에 위배되지 않는다. ○ | ×

──・

[×] 재범에 대하여 가중된 행위책임을 인정할 수 있다고 하더라도, 전범을 이유로 아무런 시간적 제한 없이 후범을 가중처벌하는 예는 발견하기 어렵고, 이는 공소시효나 형의 실효를 인정하는 취지에도 부합하지 않는다. 또한 심판대상조항은 과거 위반 전력의 시기 및 내용이나 음주운항 당시의 혈중알코올농도 수준과 발생한 위험 등을 고려할 때 비난가능성이 상대적으로 낮은 음주운항 행위까지도 법정형의 하한인 2년 이상의 징역 또는 2천만 원 이상의 벌금을 기준으로 처벌하도록 하고 있으므로, 책임과 형벌 사이의 비례성을 인정하기 어렵다(헌재 2022.8.31. 2022헌가10).

23. 음주운전 금지규정 위반 전력이 1회 이상 있는 사람이 다시 음주측정거부를 한 경우 2년 이상 5년 이하의 징역이나 1천만 원 이상 2천만 원 이하의 벌금에 처하도록 규정한 구 도로교통법 제148조의2 제1항 및 도로교통법 제148조의2 제1항 중 가 '제44조 제1항을 1회 이상 위반한 사람으로서 다시 같은 조 제2항을 위반한 사람'에 관한 부분은 책임과 형벌 간의 비례원칙에 위반된다. ○ | ×

──・

[○] 헌재 2022.5.26. 2021헌가32,2022헌가3,5

24. 음주운전 금지규정 위반 또는 음주측정거부 전력이 1회 이상 있는 사람이 다시 음주운전 금지규정 위반행위를 한 경우 2년 이상 5년 이하의 징역이나 1천만 원 이상 2천만 원 이하의 벌금에 처하도록 규정한 도로교통법 제148조의2 제1항 중 '제44조 제1항 또는 제2항을 1회 이상 위반한 사람으로서 다시 같은 조 제1항을 위반한 사람'에 관한 부분은 책임과 형벌 간의 비례원칙에 위반된다.   ○ | ×

―― •

[○] 헌재 2022.5.26. 2022헌가9

25. 군사기지·군사시설에서 군인 상호간의 폭행죄에 반의사불벌에 관한 형법조항의 적용을 배제하고 있는 군형법 제60조의6 제1호, 제2호 중 군인이 군사기지·군사시설에서 군인을 폭행한 경우 형법 제260조 제3항을 적용하지 아니하도록 한 부분은 형벌체계상 균형을 상실하여 평등원칙에 위반된다.   ○ | ×

―― •

[×] 군사기지·군사시설에서 군인 상호간의 폭행죄에 반의사불벌에 관한 형법조항의 적용을 배제하고 있는 군형법 제60조의6 제1호, 제2호 중 군인이 군사기지·군사시설에서 군인을 폭행한 경우 형법 제260조 제3항을 적용하지 아니하도록 한 부분은 형벌체계상 균형을 상실하여 평등원칙에 위반되지 않는다(헌재 2022.3.31. 2021헌바62,194).

26. 2회 이상 음주운전 금지규정을 위반한 사람을 2년 이상 5년 이하의 징역이나 1천만 원 이상 2천만 원 이하의 벌금에 처하도록 규정한 구 도로교통법 제148조의2 제1항 중 '제44조 제1항을 2회 이상 위반한 사람'에 관한 부분은 헌법에 위반된다.   ○ | ×

―― •

[○] 헌재 2021.11.25. 2019헌바446

27. 무신고 수출입행위에 대한 필요적 몰수·추징을 규정한 구 관세법상 몰수·추징조항은 책임과 형벌 간의 비례원칙 및 평등원칙에 위반되지 않으나, 무신고 수출입행위에 대한 필요적 몰수·추징조항의 적용에 있어서 양벌규정이 정한 법인을 범인으로 보는 관세법 조항은 책임과 형벌 간의 비례원칙에 위반된다. ○ | ×

[×] 무신고 수출입행위에 대한 필요적 몰수·추징을 규정한 구 관세법상 몰수·추징조항은 책임과 형벌 간의 비례원칙 및 평등원칙에 위반되지 아니하고, 무신고 수출입행위에 대한 필요적 몰수·추징조항의 적용에 있어서 양벌규정이 정한 법인을 범인으로 보는 관세법 조항은 책임과 형벌 간의 비례원칙에 위반되지 아니한다(헌재 2021.7.15. 2020헌바201).

28. 피청구인 교도소장이 대한법률구조공단으로부터 청구인에게 발송된 총 7건의 서신 및 국가인권위원회로부터 청구인에게 발송된 1건의 서신을 개봉한 행위는 통신의 자유를 침해한다. ○ | ×

[×] 피청구인의 서신개봉행위는 법령상 금지되는 물품을 서신에 동봉하여 반입하는 것을 방지하기 위하여 구 형의 집행 및 수용자의 처우에 관한 법률(이하 '형집행법'이라 한다) 제43조 제3항 및 구 형집행법 시행령 제65조 제2항에 근거하여 수용자에게 온 서신의 봉투를 개봉하여 내용물을 확인한 행위로서, 교정시설의 안전과 질서를 유지하고 수용자의 교화 및 사회복귀를 원활하게 하기 위한 것이다. 개봉하는 발신자나 수용자를 한정하거나 엑스레이 기기 등으로 확인하는 방법 등으로는 금지물품 동봉 여부를 정확하게 확인하기 어려워, 입법목적을 같은 정도로 달성하면서, 소장이 서신을 개봉하여 육안으로 확인하는 것보다 덜 침해적인 수단이 있다고 보기 어렵다. 또한 서신을 개봉하더라도 그 내용에 대한 검열은 원칙적으로 금지된다. 따라서 서신개봉행위는 청구인의 통신의 자유를 침해하지 아니한다(헌재 2021.9.30. 2019헌마919).

29. 보안관찰처분대상자가 교도소 등에서 출소한 후 7일 이내에 출소사실을 신고하도록 정한 구 보안관찰법 제6조 제1항 전문 중 출소 후 신고의무에 관한 부분 및 이를 위반할 경우 처벌하도록 정한 보안관찰법 제27조 제2항 중 구 보안관찰법 제6조 제1항 전문 가운데 출소 후 신고의무에 관한 부분은 헌법에 위반된다. ○ | ×

[×] 보안관찰처분대상자가 교도소 등에서 출소한 후 7일 이내에 출소사실을 신고하도록 정한 구 보안관찰법 제6조 제1항 전문 중 출소 후 신고의무에 관한 부분 및 이를 위반할 경우 처벌하도록 정한 보안관찰법 제27조 제2항 중 구 보안관찰법 제6조 제1항 전문 가운데 출소 후 신고의무에 관한 부분은 헌법에 위반되지 않으나, 보안관찰대상자가 교도소 등에서 출소한 후 기존에 신고한 거주예정지 등 정보에 변동이 생길 때마다 7일 이내에 이를 신고하도록 정한 법률조항은, 대상자에게 보안관찰처분의 개시 여부를 결정하기 위함이라는 공익을 위하여 지나치게 장기간 형사처벌의 부담이 있는 신고의무를 지도록 하므로, 이는 과잉금지원칙을 위반하여 대상자의 개인정보자기결정권을 침해한다(헌재 2021.6.24. 2017헌바479).

30. 소년에 대한 수사경력자료의 삭제와 보존기간에 대하여 규정하면서 법원에서 불처분결정된 소년부송치 사건에 대하여 규정하지 않은 것은 과잉금지원칙을 위반하여 소년부송치 후 불처분결정을 받은 자의 개인정보자기결정권을 침해한다. ○ | ×

[○] 헌재 2021.6.24. 2018헌가2

31. 변호사법의 위임을 받아 변호사 광고에 관한 규제사항을 정한 대한변호사협회의 변호사 광고에 관한 규정은 헌법소원심판의 대상이 되는 공권력행사에 해당하고, '변호사 광고에 관한 규정' 중 변호사가 대한변호사협회의 유권해석에 위반되는 광고를 할 수 없도록 금지하고 있는 유권해석위반 광고금지규정은 법률유보원칙에 위반되어 청구인들의 표현의 자유, 직업의 자유를 침해하며, 변호사의 대가수수 직접 연결 금지규정과 대가수수 광고금지규정은 과잉금지원칙에 위반되어 청구인들의 표현의 자유, 직업의 자유를 침해한다. ○ | ×

[○] 헌재 2022.5.26. 2021헌마619

32 · 피청구인 대통령의 지시로 피청구인 문화체육관광부장관이 야당 소속 후보를 지지하였거나 정부에 비판적 활동을 한 문화예술인이나 단체를 정부의 문화예술 지원사업에서 배제할 목적으로 한국문화예술위원회, 영화진흥위원회, 한국출판문화산업진흥원 소속 직원들로 하여금 청구인들을 문화예술인 지원사업에서 배제하도록 한 일련의 지시 행위는 청구인들의 표현의 자유를 침해하지만, 청구인들의 평등권은 침해하지 않는다. ○│×

[×] 피청구인 대통령의 지시로 피청구인 문화체육관광부장관이 야당 소속 후보를 지지하였거나 정부에 비판적 활동을 한 문화예술인이나 단체를 정부의 문화예술 지원사업에서 배제할 목적으로 한국문화예술위원회, 영화진흥위원회, 한국출판문화산업진흥원 소속 직원들로 하여금 청구인들을 문화예술인 지원사업에서 배제하도록 한 일련의 지시 행위는 청구인들의 표현의 자유와 평등권을 침해한다(헌재 2020.12.23. 2017헌마416).

33 · 정치자금법상 회계보고된 자료의 열람기간을 3월간으로 정한 정치자금법 제42조 제2항 본문 중 '3월간' 부분은 입법목적을 달성하는 데 적합한 수단이라고 할 수 없다. ○│×

[×] 열람기간제한 조항이 회계보고된 자료의 열람기간을 3월간으로 제한한 것은, 정치자금을 둘러싼 법률관계 또는 분쟁을 조기에 안정시키고, 선거관리위원회가 방대한 양의 자료를 보관하면서 열람을 허용하는 데 따르는 업무부담을 줄이기 위한 것으로 입법목적이 정당하며, 위 입법목적을 달성하는 데 기여하는 적합한 수단이다. 정치자금을 둘러싼 분쟁 등의 장기화 방지 및 행정부담의 경감을 위해 열람기간의 제한 자체는 둘 수 있다고 하더라도, 현행 기간이 지나치게 짧다는 점은 명확하다. 짧은 열람기간으로 인해 청구인은 회계보고된 자료를 충분히 살펴 분석하거나, 문제를 발견할 실질적 기회를 갖지 못하게 되는바, 달성되는 공익과 비교할 때 이러한 사익의 제한은 정치자금의 투명한 공개가 민주주의 발전에 가지는 의미에 비추어 중대하다. 그렇다면 이 사건 열람기간제한 조항은 과잉금지원칙에 위배되어 청구인의 알권리를 침해한다(헌재 2021.5.27. 2018헌마1168).

34 · 방송편성에 관하여 간섭을 금지하는 방송법 제4조 제2항의 '간섭'에 관한 부분이 죄형법정주의의 명확성원칙에 위반되지 않지만, 과잉금지원칙에 위반되어 표현의 자유를 침해한다. ○│×

[×] 방송편성에 관하여 간섭을 금지하는 방송법 제4조 제2항의 '간섭'에 관한 부분이 죄형법정주의의 명확성원칙에 위반되지 않고, 심판대상조항은 방송편성의 자유와 독립을 보장하기 위하여 방송에 개입하여 부당하게 영향력을 행사하는 '간섭'에 이르는 행위만을 금지하고 처벌할 뿐이고, 방송법과 다른 법률들은 방송 보도에 대한 의견 개진 내지 비판의 통로를 충분히 마련하고 있다. 따라서 심판대상조항이 과잉금지원칙에 반하여 표현의 자유를 침해한다고 볼 수 없다(헌재 2021.8.31. 2019헌바439).

35· 중소기업중앙회 회장선거에 관한 선거운동을 제한하고, 이를 위반하면 형사처벌하는 중소기업협동조합법 제125조 전문 중 제53조 제1항을 준용하는 부분 및 제137조 제2항 중 제125조 전문에서 제53조 제1항을 준용하는 부분은 헌법에 위반되지 않는다. ○ | ×

——·

[○] 헌재 2021.7.15. 2020헌가9

36· 공유물분할청구의 소에 있어서 법원이 경매에 의한 대금분할을 명할 수 있는 요건을 정한 민법 제269조 제2항이 헌법에 위반되지 아니한다. ○ | ×

——·

[○] 헌재 2022.7.21. 2020헌바205

37· 전기통신금융사기의 피해자가 피해구제 신청을 하는 경우 사기이용계좌를 지급정지하는 '전기통신금융사기 피해방지 및 피해금 환급에 관한 특별법' 제4조 제1항 제1호가 청구인의 재산권을 침해하지 않고, 지급정지가 이루어진 사기이용계좌 명의인의 전자금융거래를 제한하는 구 '전기통신금융사기 피해방지 및 피해금 환급에 관한 특별법' 제13조의2 제1항, '전기통신금융사기 피해방지 및 피해금 환급에 관한 특별법' 제13조의2 제3항이 청구인의 일반적 행동자유권을 침해하지 아니한다. ○ | ×

——·

[○] 헌재 2022.6.30. 2019헌마579

38· 통일부장관이 2010.5.24. 발표한 북한에 대한 신규투자 불허 및 진행 중인 사업의 투자확대 금지 등을 내용으로 하는 대북조치는 헌법 제23조 제3항 소정의 재산권의 공용제한에 해당한다. ○ | ×

——·

[×] 통일부장관이 2010.5.24. 발표한 북한에 대한 신규투자 불허 및 진행 중인 사업의 투자확대 금지 등을 내용으로 하는 대북조치는 헌법 제23조 제3항 소정의 재산권의 공용제한에 해당하지 않는다(헌재 2022.5.26. 2016헌마95).

39. 사업주체가 공급질서 교란행위를 이유로 주택공급계약을 취소한 경우 선의의 제3자 보호 규정을 두고 있지 않는 구 주택법 제39조 제2항은 입법형성권의 한계를 벗어나서 선의의 제3자의 재산권을 침해하지 않고, 대북조치로 인하여 재산상 손실을 입은 자에 대한 보상 입법을 마련하지 아니한 입법부작위에 대한 심판청구는 부적법하다.　　　　　　　○ | ×

―・

[○] 헌재 2022.3.31. 2019헌가26

40. 지방의회의원으로서 받게 되는 보수가 연금에 미치지 못하는 경우에도 연금 전액의 지급 을 정지하는 것이 재산권을 과도하게 제한하여 헌법에 위반된다.　　　　　　　○ | ×

―・

[○] 헌재 2022.1.27. 2019헌바161

41. 대구교육대학교 총장임용후보자선거에서 후보자가 제1차 투표에서 최종 환산득표율의 100분의 15 이상을 득표한 경우에만 기탁금의 반액을 반환하도록 하고 나머지 기탁금은 발전기금에 귀속되도록 규정한 '대구교육대학교 총장임용후보자 선정규정' 제24조 제2항 과 위 선거에서 후보자가 되려는 사람은 1,000만 원의 기탁금을 납부하도록 규정한 같은 규정 제23조 제1항 제2호 및 제24조 제1항은 헌법에 위반된다.　　　　　　　○ | ×

―・

[×] 대구교육대학교 총장임용후보자선거에서 후보자가 제1차 투표에서 최종 환산득표율의 100분의 15 이상을 득표한 경우에만 기탁금의 반액을 반환하도록 하고 나머지 기탁금은 발전기금에 귀속되도록 규정한 '대구교육대학교 총장임용후보자 선정규정' 제24조 제2항은 헌법에 위반된다. 그러나 위 선거에서 후보자가 되려는 사람은 1,000만 원의 기탁금을 납부하도록 규정한 같은 규정 제23조 제1항 제2호 및 제24조 제1항은 헌법에 위반되지 않는다(헌재 2021.12.23. 2019헌마825).

42. 상가건물 임대차의 계약갱신요구권 행사 기간을 5년에서 10년으로 연장하면서, 이를 개정법 시행 후 갱신되는 임대차에 대하여도 적용하도록 규정한 '상가건물 임대차보호법' 부칙 제2조는 진정소급입법에 해당하여 소급입법에 의한 재산권침해에 해당한다. ○ | ×

[×] 이 사건 부칙조항은 아직 진행과정에 있는 사안을 규율대상으로 하는 부진정소급입법에 해당한다. 따라서 이 사건 부칙조항은 소급입법에 의한 재산권침해에 해당하지 아니한다. 신뢰보호원칙에 위배되어 재산권을 침해하지 않는다(헌재 2021.10.28. 2019헌마106).

43. 면세유류 관리기관인 수협이 관리 부실로 인하여 면세유류 구입카드등을 잘못 교부·발급한 경우 해당 석유류에 대한 부가가치세 등 감면세액의 100분의 20에 해당하는 금액을 가산세로 징수하도록 규정한 각 구 조세특례제한법 제106조의2 제11항 제2호 중 '면세유류 관리기관인 조합' 가운데 '수산업협동조합법에 따른 조합'에 관한 부분은 모두 헌법에 위반되지 아니한다. ○ | ×

[○] 헌재 2021.7.15. 2018헌바338

44. 농지의 경우 그 사회성과 공공성의 정도는 일반적인 토지의 경우와 동일하므로, 농지재산권을 제한하는 입법에 대한 헌법심사의 강도는 다른 토지재산권을 제한하는 입법에 대한 것보다 낮아서는 아니 되므로, 농지소유자로 하여금 원칙적으로 농지의 위탁경영을 할 수 없도록 한 농지법 제9조는 헌법에 위반된다. ○ | ×

[×] 토지재산권은 강한 사회성 내지는 공공성으로 말미암아 다른 재산권에 비하여 더 강한 제한과 의무가 부과될 수 있다. 그렇지만 토지재산권에 대한 제한 입법 역시 다른 기본권을 제한하는 입법과 마찬가지로 과잉금지원칙을 준수해야 하고, 다만 식량 생산의 기초인 농지에 대하여서는 헌법이 제121조 등에서 경자유전의 원칙 등 특별한 규율을 하고 있어 그 사회성과 공공성은 일반적인 토지의 경우보다 더 강하다고 할 수 있으므로 농지재산권을 제한하는 입법에 대한 헌법심사의 강도는 다른 토지재산권을 제한하는 입법에 대한 것보다 완화된다. 위탁경영 금지조항으로 농지의 공익적 기능을 유지할 수 있고 궁극적으로 건전한 국민경제의 발전을 도모할 수 있게 된다. 이러한 공익은 위탁경영 금지조항으로 인하여 제한되는 청구인의 재산권보다 현저히 크다고 할 것이므로, 위탁경영 금지조항은 법익의 균형성도 인정된다. 그러므로 위탁경영 금지조항은 청구인의 재산권을 침해하지 않는다(헌재 2020.5.27. 2018헌마362).

45. 의료인이 아닌 자의 문신시술업을 금지하고 처벌하는 의료법 제27조 제1항 본문 전단과 '보건범죄 단속에 관한 특별조치법' 제5조 제1호 중 의료법 제27조 제1항 본문 전단에 관한 부분은 청구인들의 직업선택의 자유를 침해하지 않는다.　　　　　　　ㅇ | ×

—— •

[ㅇ] 헌재 2022.3.31. 2021헌마1213,1385

46. 접촉차단시설이 설치되지 않은 장소에서 수용자와 접견할 수 있는 예외 대상의 범위에 소송대리인이 되려는 변호사를 포함시키지 않은 구 '형의 집행 및 수용자의 처우에 관한 법률 시행령' 제58조 제4항 제2호는 변호사인 청구인의 직업수행의 자유를 제한하지 않는다.　　　　　　　ㅇ | ×

—— •

[×] <u>소송대리인이 되려고 하는 변호사인 청구인이 접촉차단시설이 설치된 장소에서 일반접견의 형태로 수용자를 접견하도록 하여, 소송사건의 수임단계에서 자유로운 의사소통을 하며 업무를 진행할 수 없게 함으로써 직업수행의 자유를 제한한다.</u> 그러나 소송대리인이 되려는 변호사의 수용자 접견의 주된 목적은 소송대리인 선임 여부를 확정하는 것이고 소송준비와 소송대리 등 소송에 관한 직무활동은 소송대리인 선임 이후에 이루어지는 것이 일반적이므로 소송대리인 선임 여부를 확정하기 위한 단계에서는 접촉차단시설이 설치된 장소에서 접견하더라도 그 접견의 목적을 수행하는 데 필요한 의사소통이 심각하게 저해될 것이라고 보기 어렵다. 구 '형의 집행 및 수용자의 처우에 관한 법률 시행령' 제58조 제4항 제2호는 변호사인 청구인의 직업수행의 자유를 침해하지 않으므로 헌법에 위반되지 않는다(헌재 2022.2.24. 2018헌마1010).

47. 방치폐기물 처리이행보증보험계약의 갱신명령을 불이행한 건설폐기물 처리업자의 허가를 취소하는 '건설폐기물의 재활용촉진에 관한 법률' 제25조 제1항 제4호의2는 헌법에 위반되지 않는다.　　　　　　　ㅇ | ×

—— •

[ㅇ] 헌재 2022.2.24. 2019헌바184

48. 게임 내에서 사용되는 가상의 화폐로서 대통령령이 정하는 게임머니 등과 같이 일정한 기준에 해당하는 게임결과물에 대한 환전업 등을 금지하고 처벌하는 법률조항들은 과잉금지원칙을 위반하여 청구인들의 직업수행의 자유를 침해한다. ○|×

—— •

[×] 수범자를 모든 국민으로 하여 게임결과물의 환전 등을 '업으로 하는 행위'만을 금지하고, 그 대상물은 온라인 게임을 포함하는 모든 유형의 게임의 결과물이 포함될 수 있도록 하되, 현금 거래를 반복적으로 계속하면 게임산업법 및 기타 관련법상 위법한 게임물 이용을 조장하는 경우로 구체적인 범위를 한정한 것, 그리고 이에 해당하는 게임결과물에 대한 환전업 등 금지를 위반한 경우 형벌의 제재를 가하는 것은, 입법목적의 달성에 필요한 정도를 벗어났다고 보기 어려우므로, 침해의 최소성이 인정된다. 게임물의 유통질서를 저해하는 행위를 방지하는 것은 게임산업의 진흥 및 건전한 게임문화의 확립에 필요한 기초가 되는 공익이며, 이에 비하여 청구인들의 직업수행의 자유가 제한되는 정도가 결코 중하다고 볼 수 없으므로, 법익의 균형성도 인정된다. 따라서 이 사건 법률조항들은 과잉금지원칙을 위반하여 직업수행의 자유를 침해하지 아니한다(헌재 2022.2.24. 2017헌바438).

49. 지역아동센터 시설별 신고정원의 80% 이상을 돌봄취약아동으로 구성하도록 정한 보건복지부 지침 '2019년 지역아동센터 지원 사업안내' 부분은 청구인 운영자들의 직업수행의 자유 및 청구인 아동들의 인격권을 침해하지 않는다. ○|×

—— •

[○] 헌재 2022.1.27. 2019헌마583

50. 외국인근로자의 사업장 변경 사유를 제한하는 외국인근로자의 고용 등에 관한 법률 제25조 제1항, 구 외국인근로자의 책임이 아닌 사업장변경 사유 제4조 및 제5조는 기본권을 침해하지 않는다. ○|×

—— •

[○] 헌재 2021.12.23. 2020헌마395

51. 차액가맹금을 정의하면서 '적정한 도매가격'이라는 불확정 개념을 사용하는 것은 명확성 원칙을 위배하여 가맹본부 청구인들의 직업수행의 자유를 침해한다. ○ | ×

[×] 차액가맹금을 정의하면서 '적정한 도매가격'이라는 불확정 개념을 사용하고 있기는 하나, 심판대상조항의 문언적 의미, 입법목적과 취지 및 가맹사업법과 그 시행령의 관련조항 등을 종합하면, 차액가맹금에 해당하는 '적정한 도매가격을 넘는 대가'란 가맹본부가 해당 가맹사업을 운영하는 과정에서 가맹본부가 가맹점사업자에게 가맹본부 또는 가맹본부가 지정한 자와 거래할 것을 강제 또는 권장하여 공급받는 품목과 관련하여 얻는 이익을 의미한다고 할 것이므로, '적정한 도매가격'이 불명확하여 법집행 당국이 차액가맹금과 관련하여 자의적인 법해석 또는 집행을 할 가능성이 있다고 볼 수 없다. 따라서 심판대상조항은 명확성원칙을 위배하여 가맹본부 청구인들의 직업수행의 자유를 침해한다고 볼 수 없다(헌재 2021.10.28. 2019헌마288).

52. 소송사건의 대리인인 변호사가 수용자를 접견하고자 하는 경우 소송계속 사실을 소명할 수 있는 자료를 제출하도록 요구하고 있는 '형의 집행 및 수용자의 처우에 관한 법률 시행규칙' 제29조의2 제1항 제2호 중 '수형자 접견'에 관한 부분은 변호사인 청구인의 직업수행의 자유를 침해하여 헌법에 위반된다고 볼 수 없다. ○ | ×

[×] 심판대상조항은 소송계속 사실 소명자료를 제출하도록 규정하여 집사변호사가 접견권을 남용하여 수형자와 접견하는 것을 방지하고자 하나, 집사변호사라면 소제기 여부를 진지하게 고민할 필요가 없으므로 얼마든지 불필요한 소송을 제기하고 변호사접견을 이용할 수 있다. 집사변호사를 고용하는 수형자 역시 소송의 승패와 상관없이 변호사를 고용할 확실한 동기가 있고 이를 위한 자력이 있는 경우가 보통이므로 손쉽게 변호사접견을 이용할 수 있다. 그에 반해 진지하게 소제기 여부 및 변론 방향을 고민해야 하는 변호사라면 일반접견만으로는 수형자에게 충분한 조력을 제공하기 어렵고, 수형자 역시 소송의 승패가 불확실한 상황에서 접견마저 충분하지 않다면 변호사를 신뢰하고 소송절차를 진행하기가 부담스러울 수밖에 없다. 따라서 심판대상조항은 수단의 적합성이 인정되지 아니하고 과잉금지원칙에 위배되어 변호사인 청구인의 직업수행의 자유를 침해한다(헌재 2021.10.28. 2018헌마60).

53. '영업주체 혼동행위'를 부정경쟁행위로 정의하고 있는 '부정경쟁방지 및 영업비밀보호에 관한 법률' 제2조 제1호 나목은 헌법에 위반되지 않는다. ○ | ×

[○] 헌재 2021.9.30. 2019헌바217

54. 변호사의 자격이 있는 자에게 더 이상 세무사 자격을 자동으로 부여하지 않는 구 세무사법, 이 사건 법률조항의 시행일과 변호사의 세무사 자격에 관한 경과조치를 정하고 있는 세무사법 부칙 제1조 중 세무사법 제3조에 관한 부분 및 제2조는 헌법에 위반되지 않는다.
○ | ×

— .

[○] 헌재 2021.7.15. 2018헌마279

55. 안경사 면허를 가진 자연인에게만 안경업소의 개설 등을 할 수 있도록 한 것은 안경사들로만 구성된 법인 형태의 안경업소 개설까지 허용하지 않으므로 과잉금지원칙에 반하여 자연인 안경사와 법인의 직업의 자유를 침해한다.
○ | ×

— .

[×] 자연인 안경사는 법인을 설립하여 안경업소를 개설할 수 없고, 법인은 안경업소를 개설할 수 없으며, 이를 위반한 경우 이 사건 처벌조항에 의하여 형사처벌되는 심판대상조항은 과잉금지원칙에 반하지 아니하여 자연인 안경사와 법인의 직업의 자유를 침해하지 아니한다(헌재 2021.6.24. 2017헌가31).

56. 누구든지 일정 기간 동안 선거에 영향을 미치게 하기 위한 광고물 설치·진열·게시, 표시물 착용을 할 수 없도록 하고, 이에 위반한 경우 처벌하도록 하는 공직선거법 조항은 헌법에 합치되지 아니한다.
○ | ×

— .

[○] 헌재 2022.7.21. 2017헌가1

57. 누구든지 선거운동기간 중 표시물을 사용하여 선거운동을 할 수 없도록 하고, 이에 위반한 경우 처벌하도록 한 공직선거법 제68조 제2항 및 제255조 제1항 제5호 중 '제68조 제2항'에 관한 부분은 모두 헌법에 합치되지 아니한다.
○ | ×

— .

[○] 헌재 2022.7.21. 2017헌가4

58· 공직선거법 규정에 의한 공개장소에서의 연설·대담장소 또는 대담·토론회장에서 연설·
대담·토론용으로 사용하는 경우를 제외하고는 선거운동을 위하여 확성장치를 사용할 수
없도록 하고, 이를 위반할 경우 처벌하도록 한 공직선거법 제91조 제1항 및 구 공직선거법
제255조 제2항 제4호 중 '제91조 제1항의 규정에 위반하여 확성장치를 사용하여 선거운동
을 한 자' 부분은 헌법에 위반된다. ○ | ×

—— •

[×] 현수막, 그 밖의 광고물 설치·게시, 그 밖의 표시물 착용, 벽보 게시, 인쇄물 배부·게시 금지조항은 정치적 표현의 자유를
침해하고, 공직선거법 규정에 의한 공개장소에서의 연설·대담장소 또는 대담·토론회장에서 연설·대담·토론용으로 사용하
는 경우를 제외하고는 선거운동을 위하여 확성장치를 사용할 수 없도록 하고, 이를 위반할 경우 처벌하도록 한 확성장치사
용 금지조항은 정치적 표현의 자유를 침해하지 않는다(헌재 2022.7.21. 2017헌바100).

59· 공직선거법 제103조 제3항 중 '누구든지 선거기간 중 선거에 영향을 미치게 하기 위하여
그 밖의 집회나 모임을 개최할 수 없다' 부분은 죄형법정주의의 명확성원칙에 위배된다.
○ | ×

—— •

[×] '선거에 영향을 미치는 행위'란 '선거과정 및 선거결과에 변화를 주거나 그러한 영향을 미칠 우려가 있는 일체의 행동'으로
해석할 수 있고, 구체적인 사건에서 그 행위가 이루어진 시기, 동기, 방법 등 제반 사정을 종합하여 그 내용을 판단할 수
있다. 대법원 판례에 나타난 구체적 사례에 관한 해석 기준을 바탕으로 하면, 건전한 상식과 통상적인 법 감정을 가진 사람
이라면 누구나, 선거에 영향을 미치게 하기 위한 의사에 따라 이루어지는 행위와, 선거와 관계없이 단순한 의사표현으로서
이루어지는 행위를 구분할 수 있다. 또한 심판대상조항은 '향우회·종친회·동창회·단합대회 또는 야유회'를 제외한 '모든
집회나 모임'의 개최를 금지하는 것이 명확하다. 그렇다면 심판대상조항은 죄형법정주의의 명확성원칙에 위배되지 않는다
(헌재 2022.7.21. 2018헌바164).

60· 선거기간 중 선거에 영향을 미치게 하기 위한 집회나 모임(향우회·종친회·동창회·단합대
회·야유회가 아닌 것에 한정) 개최, 현수막 그 밖의 광고물 게시, 광고, 문서·도화 첩부
·게시를 금지하는 공직선거법 조항은 헌법에 위반된다. ○ | ×

—— •

[○] 헌재 2022.7.21. 2018헌바357

61. 서울교통공사의 상근직원이 당원이 아닌 자에게도 투표권을 부여하는 당내경선에서 경선 운동을 할 수 없도록 하고 위반행위를 처벌하는, 공직선거법 제57조의6 제1항 본문의 '제60조 제1항 제5호 중 제53조 제1항 제6호 가운데 지방공기업법 제2조에 규정된 지방공사인 서울교통공사의 상근직원'에 관한 부분 및 같은 법 제255조 제1항 제1호 중 위 해당부분은 헌법에 위반된다.   O | X

——•

[O] 헌재 2022.6.30. 2021헌가24

62. 청구인이 당선된 당해선거에 관한 것인지를 묻지 않고, 선거에 관한 여론조사의 결과에 영향을 미치게 하기 위하여 둘 이상의 전화번호를 착신 전환 등의 조치를 하여 같은 사람이 두 차례 이상 응답하여 100만 원 이상의 벌금형을 선고 받은 자로 하여금 지방의회의원의 직에서 퇴직하도록 한 조항은 청구인의 공무담임권을 침해한다.   O | X

——•

[X] 공직선거법 제256조 제1항 제5호 중 제108조 제11항 제2호의 선거범죄로 100만 원 이상의 벌금형의 선고를 받고 그 형이 확정된 후 5년을 경과하지 아니한 자는 선거권이 없다고 규정한 공직선거법 제18조 제1항 제3호 중 제256조 제1항 제5호 가운데 제108조 제11항 제2호의 선거범죄를 범한 자로서 100만 원 이상의 벌금형의 선고를 받고 그 형이 확정된 후 5년을 경과하지 아니한 자에 관한 부분이 청구인들의 선거권을 침해하지 않고, 위 선거범죄로 100만 원 이상의 벌금형의 선고를 받은 자는 지방의회의원의 직에서 퇴직한다고 규정한 공직선거법 제266조 제1항 제1호 중 제256조 제1항 제5호 가운데 제108조 제11항 제2호의 죄를 범함으로 인하여 100만 원 이상의 벌금형의 선고를 받은 자는 지방의회의원의 직에서 퇴직되도록 한 부분이 청구인들의 공무담임권을 침해하지 않는다(헌재 2022.3.31. 2019헌마986).

63. 선거운동기간을 제한하고 이를 위반한 사전선거운동을 형사처벌하도록 규정한 구 공직선거법 제59조 중 선거운동기간 전에 개별적으로 대면하여 말로 하는 선거운동에 관한 부분, 공직선거법 제254조 제2항 중 '그 밖의 방법'에 관한 부분 가운데 개별적으로 대면하여 말로 하는 선거운동을 한 자에 관한 부분은 헌법에 위반된다.   O | X

——•

[O] 헌재 2022.2.24. 2018헌바146

64. 공직선거법 제218조의16 제3항 중 '재외투표기간 개시일 전에 귀국한 재외선거인등'에 대해 선거권을 인정하지 않는 것은 헌법에 합치한다. ○ | ×

———•

[×] 공직선거법 제218조의16 제3항 중 '재외투표기간 개시일 전에 귀국한 재외선거인등'에 대해 선거권을 인정하지 않는 것은 헌법에 합치되지 아니한다(헌재 2022.1.27. 2020헌마895).

65. "누구든지 2 이상의 정당의 당원이 되지 못한다."라고 규정하고 있는 정당법 제42조 제2항이 정당의 당원인 청구인들의 정당 가입·활동의 자유를 침해하지 않는다. ○ | ×

———•

[○] 헌재 2022.3.31. 2020헌마1729

66. 사회복무요원이 정당이나 그 밖의 정치단체에 가입하는 등 정치적 목적을 지닌 행위를 금지한 병역법 제33조 제2항 본문 제2호 중 '정당'에 가입하는 행위를 금지하는 것은 위헌이고, '그 밖의 정치단체에 가입하는 등 정치적 목적을 지닌 행위'에 관한 부분은 헌법에 위반되지 않는다. ○ | ×

———•

[×] 사회복무요원이 정당이나 그 밖의 정치단체에 가입하는 등 정치적 목적을 지닌 행위를 금지한 병역법 제33조 제2항 본문 제2호 중 정당가입을 금지하는 것은 합헌이고, '그 밖의 정치단체에 가입하는 등 정치적 목적을 지닌 행위'에 관한 부분은 헌법에 위반된다(헌재 2021.11.25. 2019헌마534).

67. 선거권자의 연령을 선거일 현재를 기준으로 산정하도록 규정한 공직선거법 제17조에 대한 심판청구를 기각하는 결정을 선고하였다. ○ | ×

———•

[○] 헌재 2021.9.30. 2018헌마300

68 · 공무원으로서 선거에서 특정정당·특정인을 지지하기 위하여 타인에게 정당에 가입하도록 권유 운동을 한 경우 형사처벌하도록 규정한 국가공무원법 조항(정당가입권유금지조항)은 헌법에 위반되지 않는다. ○ | ×

——— •

[○] 헌재 2021.8.31. 2018헌바149

69 · 공무원이 감봉처분을 받은 경우 12월간 승진임용을 제한하는 국가공무원법령상 승진조항은 공무담임권을 침해하지 않고, 공무원이 감봉처분을 받은 경우 12월간 승급을 제한하고, 정근수당을 지급하지 않는 이 사건 승급조항 및 구당제한규정은 청구인의 재산권을 침해하지 않는다. ○ | ×

——— •

[○] 헌재 2022.3.31. 2020헌마211

70 · 전문가나 전문가 집단의 로비활동은 권장할 사항이 아니므로 공무원의 직무에 속한 사항의 알선에 관하여 금품 등을 수수하는 모든 행위를 형사처벌하고 있다고 하더라도 이것이 청원권이나 일반적 행동자유권을 침해하는 것으로 볼 수 없다. ○ | ×

——— •

[×] 전문가나 전문가 집단의 로비활동은 적극적으로 권장할 사항으로 보인다. 그러나 금전적 대가를 받는 알선 내지 로비활동을 합법적으로 보장할 것인지 여부는 그 시대 국민의 법 감정이나 사회적 상황에 따라 입법자가 판단할 사항으로, 공무원의 직무에 속한 사항의 알선에 관하여 금품 등을 수수하는 모든 행위를 형사처벌하고 있다고 하더라도 이것이 청원권이나 일반적 행동자유권을 침해하는 것으로 볼 수 없다(헌재 2005.11.24. 2003헌바108).

71 · 별건으로 공소제기 후 확정되어 검사가 보관하고 있는 서류에 대하여 법원의 열람·등사 허용 결정이 있었음에도 검사가 청구인에 대한 형사사건과의 관련성을 부정하면서 해당 서류의 열람·등사를 허용하지 아니한 행위는 청구인의 신속하고 공정한 재판을 받을 권리와 변호인의 조력을 받을 권리를 침해한 것이므로 헌법에 위반된다. ○ | ×

[O] 헌재 2022.6.30. 2019헌마356

72. 19세 미만 성폭력범죄 피해자의 진술이 수록된 영상물에 관하여 조사 과정에 동석하였던 신뢰관계인 등이 그 성립의 진정함을 인정한 경우 이를 증거로 할 수 있도록 정한, '성폭력범죄의 처벌 등에 관한 특례법' 제30조 제6항은 과잉금지원칙을 위반하여 청구인의 공정한 재판을 받을 권리를 침해한다. O | ×

[O] 헌재 2021.12.23. 2018헌바524

73. 긴급조치 제9호의 적용·집행으로 강제수사를 받거나 유죄판결을 선고받고 복역함으로써 개별국민이 입은 손해에 대해서는 국가배상책임이 인정되지 않는다. O | ×

[×] 긴급조치 제9호는 위헌·무효임이 명백하고 긴급조치 제9호 발령으로 인한 국민의 기본권 침해는 그에 따른 강제수사와 공소제기, 유죄판결의 선고를 통하여 현실화되었다. 이러한 경우 긴급조치 제9호의 발령부터 적용·집행에 이르는 일련의 국가작용은, 전체적으로 보아 공무원이 직무를 집행하면서 객관적 주의의무를 소홀히 하여 그 직무행위가 객관적 정당성을 상실한 것으로서 위법하다고 평가되고, <u>긴급조치 제9호의 적용·집행으로 강제수사를 받거나 유죄판결을 선고받고 복역함으로써 개별국민이 입은 손해에 대해서는 국가배상책임이 인정될 수 있다</u>(대판 2022.8.25. 2018다212610).

74. 특수임무수행자등이 보상금등 지급결정에 동의한 경우 특수임무수행 또는 이와 관련한 교육훈련으로 입은 피해에 대하여 재판상 화해가 성립된 것으로 보는 특수임무수행자 보상에 관한 법률 제17조의2는 헌법에 위반되지 아니한다. O | ×

[O] 헌재 2021.9.30. 2019헌가28

75 · 재혼을 유족연금수급권 상실사유로 규정한 구 공무원연금법 제59조 제1항 제2호는 청구인의 인간다운 생활을 할 권리를 침해한다. ○ | ×

——— ·

[×] 재혼을 유족연금수급권 상실사유로 규정한 구 공무원연금법 제59조 제1항 제2호는 청구인의 인간다운 생활을 할 권리와 재산권을 침해하지 않는다(헌재 2022.8.31. 2019헌가31).

76 · ○○대학교 총장의 '2022학년도 대학 신입학생 정시모집('나'군) 안내' 중 수능 성적에 최대 2점의 교과이수 가산점을 부여하고, 2020년 2월 이전 고등학교 졸업자에게 모집단위별 지원자의 가산점 분포를 고려하여 모집단위 내 수능점수 순위에 상응하는 가산점을 부여하도록 한 부분은 법률유보원칙에 위반되어 청구인의 교육받을 권리를 침해하지 않는다. ○ | ×

——— ·

[○] 헌재 2022.3.31. 2021헌마1230

77 · 동물의 사육사업(축산업) 근로자들에게 육체적·정신적 휴식을 보장하고 장시간 노동에 대한 경제적 보상을 해야 할 필요성이 요청됨에도 동물의 사육사업 근로자에 대하여 근로시간 및 휴일 규정의 적용을 제외하도록 한 것은 근로의 권리를 침해한다. ○ | ×

——— ·

[×] 동물의 사육사업(이하 '축산업'이라 한다) 근로자에게 근로기준법 제4장의 근로시간 및 휴일에 관한 조항을 적용하지 않도록 한 구 근로기준법 제63조 제2호(심판대상조항)는 헌법에 위반되지 않는다(헌재 2021.8.31. 2018헌마563).

78 · 사용자가 노동조합의 조직·운영에 지배·개입하는 행위는 죄형법정주의의 명확성원칙에 위배되지 않으나, 전임자에 대한 급여지원하는 행위를 부당노동행위로 규정하여 금지하고 이를 위반할 경우 사용자를 처벌하는 노동조합 및 노동관계조정법조항은 과잉금지원칙에 위배된다. ○ | ×

[×] 노동조합을 지배·개입하는 행위를 금지하는 노동조합 및 노동관계조정법 제81조 제4호 본문 중 '근로자가 노동조합을 조직 또는 운영하는 것을 지배하거나 이에 개입하는 행위' 부분은 죄형법정주의의 명확성원칙에 위배되지 않는다. 그리고 노조전임자의 급여를 지원하는 행위를 금지하는 노동조합 및 노동관계조정법 제81조 제4호 본문 중 '노동조합의 전임자에게 급여를 지원하는 행위' 부분은 과잉금지원칙에 위배되지 않는다(헌재 2022.5.26. 2019헌바341).

79. 노동조합 및 노동관계조정법 시행령(이하 '노동조합법 시행령'이라 한다) 제9조 제2항은 법률의 위임 없이 법률이 정하지 아니한 법외노조 통보에 관하여 규정함으로써 헌법상 노동3권을 본질적으로 제한하고 있으므로 그 자체로 무효이다. ○ | ×

[○] 대판 2020.9.3. 2016두32992 전원합의체

80. 경유차 소유자로부터 환경개선부담금을 부과·징수하도록 정한 환경개선비용 부담법 제9조 제1항은 헌법에 위반되지 아니한다. ○ | ×

[○] 헌재 2022.6.30. 2019헌바440

PART 03 **통치구조론**

01 · 대통령은 고위공직자범죄수사처장과 차장, 수사처검사의 임명권과 해임권 모두를 보유하고 있는데, 이들을 임명할 때 추천위원회나 인사위원회의 추천, 수사처장의 제청 등을 거치게 되어 있으므로 수사처 구성에 있어 대통령의 인사권은 형식적인 것이다.　　O | X

— ·

[×] 대통령은 수사처장과 차장, 수사처검사의 임명권과 해임권 모두를 보유하고 있는데, 이들을 임명할 때 추천위원회나 인사위원회의 추천, 수사처장의 제청 등을 거쳐야 한다는 이유만으로 대통령이 형식적인 범위에서의 인사권만 가지고 있다고 볼 수는 없고, 수사처 구성에 있어 대통령의 실질적인 인사권이 인정된다고 할 것이다. 또한 공수처법 제17조 제3항에 의하면 수사처장은 소관 사무와 관련된 안건이 상정될 경우 국무회의에 출석하여 발언할 수 있는 한편, 그 소관 사무에 관하여 독자적으로 의안을 제출할 권한이 있는 것이 아니라 법무부장관에게 의안의 제출을 건의할 수 있다. 이상의 점들에 비추어 보면, 수사처가 직제상 대통령 또는 국무총리 직속기관 내지 국무총리의 통할을 받는 행정각부에 속하지 않는다고 하더라도 대통령을 수반으로 하는 행정부에 소속된 행정기관으로 보는 것이 타당하다(헌재 2021.1.28. 2020헌마264).

02 · 국회 정보위원회 회의는 국가기밀에 관한 사항과 직·간접적으로 관련되어 있으므로 이를 공개하지 않도록 하고 있는 국회법 조항은 의사공개의 원칙에 반하지 않는다.　　O | X

— ·

[×] 정보위원회 회의를 비공개하도록 규정한 국회법 조항은 헌법 제50조 제1항에 위배되는 것으로 과잉금지원칙 위배 여부에 대해서는 더 나아가 판단할 필요 없이 청구인들의 알 권리를 침해한다(헌재 2022.1.27. 2018헌마1162).

03 · 국회의 탄핵소추의결 이후 헌법재판소의 탄핵심판 중 임기만료로 피청구인이 법관의 직에서 퇴직한 이 사건 탄핵심판청구는 부적법하다.　　O | X

— ·

[O] 헌재 2021.10.28. 2021헌나1

04. 민법에 따라 등기를 하지 아니한 경우라도 부동산을 사실상 취득한 경우 그 취득물건의 소유자 또는 양수인을 취득자로 보도록 한 구 지방세법 제7조 제2항 본문 중 '부동산의 사실상 취득'에 관한 부분은 과세요건 명확주의에 위배된다. ○|×

[×] 민법에 따라 등기를 하지 아니한 경우라도 부동산을 사실상 취득한 경우 그 취득물건의 소유자 또는 양수인을 취득자로 보도록 한 구 지방세법 제7조 제2항 본문 중 '부동산의 사실상 취득'에 관한 부분은 과세요건 명확주의에 위배되지 않는다 (헌재 2022.3.31. 2019헌바107).

05. 개성공단 운영 전면중단 조치는 대통령의 정치적 결단에 따른 조치이므로 헌법소원 심판의 대상이 될 수 없다. ○|×

[×] 대통령의 행위라도 헌법과 법률에 따라 정책을 결정하고 집행하도록 함으로써 국민의 기본권이 침해되지 않도록 견제하는 것이 국민의 기본권 보장을 사명으로 하는 헌법재판소 본연의 임무이므로, 그 한도에서 헌법소원심판의 대상이 될 수 있다. 따라서 개성공단 운영 전면중단 조치의 헌법소원심판이 사법심사가 배제되는 행위를 대상으로 한 것이어서 부적법하다고는 볼 수 없다(헌재 2022.1.27. 2016헌마364).

06. 검사만 치료감호를 청구할 수 있고 법원은 검사에게 치료감호청구를 요구할 수 있다고만 규정한 '치료감호 등에 관한 법률' 조항은 형사사건인 당해사건에서 재판의 전제성이 인정된다. ○|×

[○] 헌재 2016.10.27. 2014헌마797

07 · 구 조세감면규제법 부칙 제23조에 대한 헌법재판소의 한정위헌결정의 기속력을 부인한 법원의 재판(재심기각판결 및 재심상고기각판결)은 청구인의 재판청구권을 침해한 것이다. ○ㅣ×

——— ·

[○] 헌재 2022.7.21. 2013헌마242

08 · 법률에 대한 일부위헌결정의 기속력을 부인한 법원의 재판(재심기각결정)은 청구인들의 재판청구권을 침해한 것이다. ○ㅣ×

——— ·

[○] 헌재 2022.6.30. 2014헌마760

09 · 서울시가 서울특별시립 다시서기종합지원센터에서 위 센터 이용자 중 코로나바이러스 백신 미접종자에 대해 1주일 단위로 코로나19 검사를 실시하여 음성확인을 의무화하도록 한 행위에 대한 헌법소원심판은 부적법하다. ○ㅣ×

——— ·

[○] 헌재 2022.3.31. 2021헌마1380

10 · 대한행정사회 설치를 내용으로 하는 행정사법 제26조가 개정되어 2021.6.10. 시행될 예정인바, 이는 헌법소원의 대상이 되는 '공권력의 행사'에 해당한다. ○ㅣ×

——— ·

[×] 대한행정사회 설치를 내용으로 하는 행정사법 제26조가 개정되어 2021.6.10. 시행될 예정인데, 이 사건 의결과 관련된 법률관계는 설립준비위원회의 내부적 행위로서 행정사법상 특별한 공법적 규제를 찾아볼 수 없고, 달리 헌법소원으로 다툴 수 있는 '공권력의 행사'에 해당한다고 볼 자료가 없다(헌재 2021.1.26. 2021헌마55).

11. 형사재판에서 국선변호인으로 선정된 변호사가 불성실하게 조력한 행위는 헌법소원심판의 대상이다. ○ㅣ×

[×] 자신에 대한 형사재판에서 국선변호인으로 선정된 변호사가 불성실하게 조력한 행위에 대하여 이 사건 헌법소원심판을 청구하였으나, 청구인이 심판을 구하는 국선변호인의 행위는 공권력의 행사 또는 불행사가 아닌 사인으로서의 행위에 불과하다(헌재 2021.1.26. 2021헌마85).

12. 수용관리 및 계호업무 등에 관한 지침 제462조 제3항은 교정기관에 수용 중인 수용자가 민사재판 등의 소송수행을 목적으로 출정하는 경우에 소요되는 비용의 납부절차 등에 필요한 사항을 정한 법무부훈령으로 헌법소원심판청구 대상이 되는 공권력 행사에 해당하지 않는다. ○ㅣ×

[○] 헌재 2021.1.19. 2020헌마1732

13. 정부가 2020.12.29. 코로나19 재확산으로 피해를 입은 사람들을 지원하기 위하여 2021년에 집행할 예정인 피해지원대책을 발표한 것은 헌법소원의 대상이 되는 공권력의 행사에 해당한다. ○ㅣ×

[×] 정부가 2020.12.29. 코로나19 재확산으로 피해를 입은 사람들을 지원하기 위하여 2021년에 집행할 예정인 피해지원대책을 발표한 것은 비구속적 행정계획안에 불과하여 그 자체로 청구인의 기본권에 직접적으로 영향을 미친다고 볼 수 없고 장차 법령의 뒷받침에 의하여 그대로 실시될 것이 틀림없을 것으로 예상된다고 보기도 어려우므로, 헌법소원의 대상이 되는 공권력의 행사에 대한 것으로 볼 수 없다(헌재 2021.2.9. 2021헌마20).

14. 피청구인이 청구인의 직업훈련생 선발 신청을 거부하였다고 하더라도, 이 거부행위는 헌법소원의 대상이 되는 공권력행사라고 볼 수 없다. ○ㅣ×

[○] 헌재 2021.2.9. 2021헌마76

15 · 수형자에게 가석방이나 가석방 적격심사를 신청할 주관적 권리가 있으므로, 가석방에 관한 지침은 헌법소원의 대상이 되는 공권력행사에 해당한다. ○|×

—— ·

[×] 수형자에게 가석방이나 가석방 적격심사를 신청할 주관적 권리가 있는 것은 아닌바, 가석방에 관한 지침으로 인하여 청구인의 구체적이고 직접적인 법적 지위가 불리하게 변경된다고 보기도 어려우므로, 헌법소원의 대상이 되는 공권력 행사에 해당하지 아니한다(헌재 2021.2.9. 2021헌마80).

16 · 재정신청이 허용되는 검사의 불기소처분도 헌법재판소에 헌법소원을 청구하는 방법으로는 권리구제를 받을 수 있다. ○|×

—— ·

[×] 재정신청이 허용되는 검사의 불기소처분에 대하여는 검찰청법 제10조에 따른 항고를 거쳐, 관할 고등법원에 재정신청을 하는 방법으로 권리구제를 받아야 하고(형사소송법 제260조 제1항, 제2항), 헌법재판소에 헌법소원을 청구하는 방법으로는 권리구제를 받을 수 없다(헌재 2021.2.2. 2021헌마82).

17 · 한국인 BC급 전범들이 국제전범재판에 따른 처벌로 입은 피해와 관련하여 피청구인(외교부장관)에게 대한민국과 일본국 간3의 재산 및 청구권에 관한 문제의 해결과 경제협력에 관한 협정 제3조에 따른 분쟁해결절차에 나아가야 할 구체적 작위의무가 인정된다. ○|×

—— ·

[×] 한국인 BC급 전범들이 국제전범재판에 따른 처벌로 입은 피해와 관련하여 피청구인(외교부장관)에게 대한민국과 일본국 간의 재산 및 청구권에 관한 문제의 해결과 경제협력에 관한 협정 제3조에 따른 분쟁해결절차에 나아가야 할 구체적 작위의무가 인정된다고 보기 어려우므로 이 부분과 관련한 심판청구는 부적법하다(헌재 2021.8.31. 2014헌마888).

18 · '금융위원회가 시중 은행들을 상대로 가상통화 거래를 위한 가상계좌의 신규 제공을 중단하도록 한 조치' 및 '금융위원회가 가상통화 거래 실명제를 2018.1.30.부터 시행하도록 한 조치'는 헌법소원의 대상이 되는 공권력의 행사에 해당한다. ○|×

[×] '금융위원회가 시중 은행들을 상대로 가상통화 거래를 위한 가상계좌의 신규 제공을 중단하도록 한 조치' 및 '금융위원회가 가상통화 거래 실명제를 2018.1.30.부터 시행하도록 한 조치'는 헌법소원의 대상이 되는 공권력의 행사에 해당하지 아니하여 그에 관한 심판청구는 부적법하므로 이를 모두 각하한다(헌재 2021.11.25. 2017헌마1384).

19. 양육비 대지급제 등 보다 실효성 있는 양육비 지급확보에 관한 법률을 제정하지 아니한 입법부작위가 헌법소원 심판의 대상이 된다고 볼 수 없다. ○│×

[○] 헌재 2021.12.23. 2019헌마168

20. 경기도가 2021.4.1. 남양주시에 통보한 종합감사 실시계획에 따른 자료요구서식에 의한 자료제출요구 중, 자치사무에 관한 부분은 헌법 및 지방자치법에 의하여 부여된 남양주시의 지방자치권을 침해한다. ○│×

[○] 헌재 2022.8.31. 2021헌라1

21. 정당은 권한쟁의심판의 당사자능력이 인정된다. ○│×

[×] 헌재 2020.5.27. 2019헌라6

22. 안건조정위원회 위원장은 권한쟁의심판의 당사자가 될 수 있다. ○│×

[×] 안건조정위원회 위원장은 권한쟁의심판의 당사자가 될 수 없다(헌재 2020.5.27. 2019헌라5).

23· 교섭단체는 권한쟁의심판의 당사자능력이 없다.   ○ | ×

——— ·

[○] 헌재 2020.5.27. 2019헌라6

24· 국회 소위원회 위원장은 권한쟁의심판의 당사자능력이 인정된다.   ○ | ×

——— ·

[×] 국회 소위원회 위원장은 권한쟁의심판의 당사자능력이 인정되지 않는다(헌재 2020.5.27. 2019헌라4).

25· 재정자립도가 상대적으로 높은 보통교부세 불교부단체에 대하여 조정교부금을 우선 배분하는 특례를 삭제하는 대통령의 개정행위는 청구인들의 자치재정권을 침해한다고 볼 수 없다.   ○ | ×

——— ·

[○] 헌재 2019.4.11. 2016헌라7

26· 지방자치단체가 사회보장기본법상의 협의·조정을 거치지 아니하거나 그 결과를 따르지 아니하고 사회보장제도를 신설 또는 변경하여 경비를 지출한 경우 행정안전부장관이 교부세를 감액하거나 반환을 명할 수 있는 것으로 대통령이 2015.12.10. 대통령령 제26697호로 지방교부세법 시행령 제12조 제1항 제9호를 개정한 행위가 서울특별시의 자치권한을 침해하였거나 침해할 현저한 위험이 있다고 인정되지 않는다.   ○ | ×

——— ·

[○] 헌재 2019.4.11. 2016헌라3

대한민국헌법

전문

유구한 역사와 전통에 빛나는 우리 대한국민은 3·1 운동으로 건립된 대한민국임시정부의 법통과 불의에 항거한 4·19민주이념을 계승하고, 조국의 민주개혁과 평화적 통일의 사명에 입각하여 정의·인도와 동포애로써 민족의 단결을 공고히 하고, 모든 사회적 폐습과 불의를 타파하며, 자율과 조화를 바탕으로 자유민주적 기본질서를 더욱 확고히 하여 정치·경제·사회·문화의 모든 영역에 있어서 각인의 기회를 균등히 하고, 능력을 최고도로 발휘하게 하며, 자유와 권리에 따르는 책임과 의무를 완수하게 하여, 안으로는 국민생활의 균등한 향상을 기하고 밖으로는 항구적인 세계평화와 인류공영에 이바지함으로써 우리들과 우리들의 자손의 안전과 자유와 행복을 영원히 확보할 것을 다짐하면서 1948년 7월 12일에 제정되고 8차에 걸쳐 개정된 헌법을 이제 국회의 의결을 거쳐 국민투표에 의하여 개정한다.

1987년 10월 29일

제1장 총강

제1조 ① 대한민국은 민주공화국이다.
　② 대한민국의 주권은 국민에게 있고, 모든 권력은 국민으로부터 나온다.

제2조 ① 대한민국의 국민이 되는 요건은 법률로 정한다.

② 국가는 법률이 정하는 바에 의하여 재외국민을 보호할 의무를 진다.

제3조 대한민국의 영토는 한반도와 그 부속도서로 한다.

제4조 대한민국은 통일을 지향하며, 자유민주적 기본질서에 입각한 평화적 통일정책을 수립하고 이를 추진한다.

제5조 ① 대한민국은 국제평화의 유지에 노력하고 침략적 전쟁을 부인한다.
　② 국군은 국가의 안전보장과 국토방위의 신성한 의무를 수행함을 사명으로 하며, 그 정치적 중립성은 준수된다.

제6조 ① 헌법에 의하여 체결·공포된 조약과 일반적으로 승인된 국제법규는 국내법과 같은 효력을 가진다.
　② 외국인은 국제법과 조약이 정하는 바에 의하여 그 지위가 보장된다.

제7조 ① 공무원은 국민전체에 대한 봉사자이며, 국민에 대하여 책임을 진다.
　② 공무원의 신분과 정치적 중립성은 법률이 정하는 바에 의하여 보장된다.

제8조 ① 정당의 설립은 자유이며, 복수정당제는 보장된다.
　② 정당은 그 목적·조직과 활동이 민주적이어야 하며, 국민의 정치적 의사형성에 참여하는데 필요한 조직을 가져야 한다.
　③ 정당은 법률이 정하는 바에 의하여 국가의 보호를 받으며, 국가는 법률이 정하는 바에 의하여 정당운영에 필요한 자금을 보조할 수 있다.
　④ 정당의 목적이나 활동이 민주적 기본질서에 위배될 때에는 정부는 헌법재판소에 그 해산을 제소할 수 있고, 정당은 헌법재판소의 심판에 의하여 해산된다.

제9조 국가는 전통문화의 계승·발전과 민족문화의 창달에 노력하여야 한다.

제2장 국민의 권리와 의무

제10조 모든 국민은 인간으로서의 존엄과 가치를 가지며, 행복을 추구할 권리를 가진다. 국가는 개인이 가지는 불가침의 기본적 인권을 확인하고 이를 보장할 의무를 진다.

제11조 ① 모든 국민은 법 앞에 평등하다. 누구든지 성별·종교 또는 사회적 신분에 의하여 정치적·경제적·사회적·문화적 생활의 모든 영역에 있어서 차별을 받지 아니한다.
② 사회적 특수계급의 제도는 인정되지 아니하며, 어떠한 형태로도 이를 창설할 수 없다.
③ 훈장등의 영전은 이를 받은 자에게만 효력이 있고, 어떠한 특권도 이에 따르지 아니한다.

제12조 ① 모든 국민은 신체의 자유를 가진다. 누구든지 법률에 의하지 아니하고는 체포·구속·압수·수색 또는 심문을 받지 아니하며, 법률과 적법한 절차에 의하지 아니하고는 처벌·보안처분 또는 강제노역을 받지 아니한다.
② 모든 국민은 고문을 받지 아니하며, 형사상 자기에게 불리한 진술을 강요당하지 아니한다.
③ 체포·구속·압수 또는 수색을 할 때에는 적법한 절차에 따라 검사의 신청에 의하여 법관이 발부한 영장을 제시하여야 한다. 다만, 현행범인인 경우와 장기 3년 이상의 형에 해당하는 죄를 범하고 도피 또는 증거인멸의 염려가 있을 때에는 사후에 영장을 청구할 수 있다.
④ 누구든지 체포 또는 구속을 당한 때에는 즉시 변호인의 조력을 받을 권리를 가진다. 다만, 형사피고인이 스스로 변호인을 구할 수 없을 때에는 법률이 정하는 바에 의하여 국가가 변호인을 붙인다.
⑤ 누구든지 체포 또는 구속의 이유와 변호인의 조력을 받을 권리가 있음을 고지받지 아니하고는 체포 또는 구속을 당하지 아니한다. 체포 또는 구속을 당한 자의 가족등 법률이 정하는 자에게는 그 이유와 일시·장소가 지체없이 통지되어야 한다.
⑥ 누구든지 체포 또는 구속을 당한 때에는 적부의 심사를 법원에 청구할 권리를 가진다.
⑦ 피고인의 자백이 고문·폭행·협박·구속의 부당한 장기화 또는 기망 기타의 방법에 의하여 자의로 진술된

것이 아니라고 인정될 때 또는 정식재판에 있어서 피고인의 자백이 그에게 불리한 유일한 증거일 때에는 이를 유죄의 증거로 삼거나 이를 이유로 처벌할 수 없다.

제13조 ① 모든 국민은 행위시의 법률에 의하여 범죄를 구성하지 아니하는 행위로 소추되지 아니하며, 동일한 범죄에 대하여 거듭 처벌받지 아니한다.
② 모든 국민은 소급입법에 의하여 참정권의 제한을 받거나 재산권을 박탈당하지 아니한다.
③ 모든 국민은 자기의 행위가 아닌 친족의 행위로 인하여 불이익한 처우를 받지 아니한다.

제14조 모든 국민은 거주·이전의 자유를 가진다.

제15조 모든 국민은 직업선택의 자유를 가진다.

제16조 모든 국민은 주거의 자유를 침해받지 아니한다. 주거에 대한 압수나 수색을 할 때에는 검사의 신청에 의하여 법관이 발부한 영장을 제시하여야 한다.

제17조 모든 국민은 사생활의 비밀과 자유를 침해받지 아니한다.

제18조 모든 국민은 통신의 비밀을 침해받지 아니한다.

제19조 모든 국민은 양심의 자유를 가진다.

제20조 ① 모든 국민은 종교의 자유를 가진다.
② 국교는 인정되지 아니하며, 종교와 정치는 분리된다.

제21조 ① 모든 국민은 언론·출판의 자유와 집회·결사의 자유를 가진다.
② 언론·출판에 대한 허가나 검열과 집회·결사에 대한 허가는 인정되지 아니한다.
③ 통신·방송의 시설기준과 신문의 기능을 보장하기 위하여 필요한 사항은 법률로 정한다.
④ 언론·출판은 타인의 명예나 권리 또는 공중도덕이나 사회윤리를 침해하여서는 아니된다. 언론·출판이 타인의 명예나 권리를 침해한 때에는 피해자는 이에 대한 피해의 배상을 청구할 수 있다.

제22조 ① 모든 국민은 학문과 예술의 자유를 가진다.
② 저작자·발명가·과학기술자와 예술가의 권리는 법률로써 보호한다.

제23조 ① 모든 국민의 재산권은 보장된다. 그 내용과 한계는 법률로 정한다.
② 재산권의 행사는 공공복리에 적합하도록 하여야 한다.
③ 공공필요에 의한 재산권의 수용·사용 또는 제한 및 그에 대한 보상은 법률로써 하되, 정당한 보상을 지급하여야 한다.

제24조 모든 국민은 법률이 정하는 바에 의하여 선거권을 가진다.

제25조 모든 국민은 법률이 정하는 바에 의하여 공무담임권을 가진다.

제26조 ① 모든 국민은 법률이 정하는 바에 의하여 국가기관에 문서로 청원할 권리를 가진다.
② 국가는 청원에 대하여 심사할 의무를 진다.

제27조 ① 모든 국민은 헌법과 법률이 정한 법관에 의하여 법률에 의한 재판을 받을 권리를 가진다.
② 군인 또는 군무원이 아닌 국민은 대한민국의 영역 안에서는 중대한 군사상 기밀·초병·초소·유독음식물 공급·포로·군용물에 관한 죄중 법률이 정한 경우와 비상계엄이 선포된 경우를 제외하고는 군사법원의 재판을 받지 아니한다.
③ 모든 국민은 신속한 재판을 받을 권리를 가진다. 형사피고인은 상당한 이유가 없는 한 지체없이 공개재판을 받을 권리를 가진다.
④ 형사피고인은 유죄의 판결이 확정될 때까지는 무죄로 추정된다.
⑤ 형사피해자는 법률이 정하는 바에 의하여 당해 사건의 재판절차에서 진술할 수 있다.

제28조 형사피의자 또는 형사피고인으로서 구금되었던 자가 법률이 정하는 불기소처분을 받거나 무죄판결을 받은 때에는 법률이 정하는 바에 의하여 국가에 정당한 보상을 청구할 수 있다.

제29조 ① 공무원의 직무상 불법행위로 손해를 받은 국민은 법률이 정하는 바에 의하여 국가 또는 공공단체에 정당한 배상을 청구할 수 있다. 이 경우 공무원 자신의 책임은 면제되지 아니한다.
② 군인·군무원·경찰공무원 기타 법률이 정하는 자가 전투·훈련등 직무집행과 관련하여 받은 손해에 대하여는 법률이 정하는 보상 외에 국가 또는 공공단체에 공무원의 직무상 불법행위로 인한 배상은 청구할 수 없다.

제30조 타인의 범죄행위로 인하여 생명·신체에 대한 피해를 받은 국민은 법률이 정하는 바에 의하여 국가로부터 구조를 받을 수 있다.

제31조 ① 모든 국민은 능력에 따라 균등하게 교육을 받을 권리를 가진다.
② 모든 국민은 그 보호하는 자녀에게 적어도 초등교육과 법률이 정하는 교육을 받게 할 의무를 진다.
③ 의무교육은 무상으로 한다.
④ 교육의 자주성·전문성·정치적 중립성 및 대학의 자율성은 법률이 정하는 바에 의하여 보장된다.
⑤ 국가는 평생교육을 진흥하여야 한다.
⑥ 학교교육 및 평생교육을 포함한 교육제도와 그 운영, 교육재정 및 교원의 지위에 관한 기본적인 사항은 법률로 정한다.

제32조 ① 모든 국민은 근로의 권리를 가진다. 국가는 사회적·경제적 방법으로 근로자의 고용의 증진과 적정임금의 보장에 노력하여야 하며, 법률이 정하는 바에 의하여 최저임금제를 시행하여야 한다.
② 모든 국민은 근로의 의무를 진다. 국가는 근로의 의무의 내용과 조건을 민주주의원칙에 따라 법률로 정한다.
③ 근로조건의 기준은 인간의 존엄성을 보장하도록 법률로 정한다.
④ 여자의 근로는 특별한 보호를 받으며, 고용·임금 및 근로조건에 있어서 부당한 차별을 받지 아니한다.
⑤ 연소자의 근로는 특별한 보호를 받는다.
⑥ 국가유공자·상이군경 및 전몰군경의 유가족은 법률이 정하는 바에 의하여 우선적으로 근로의 기회를 부여받는다.

제33조 ① 근로자는 근로조건의 향상을 위하여 자주적인 단결권·단체교섭권 및 단체행동권을 가진다.
② 공무원인 근로자는 법률이 정하는 자에 한하여 단결권·단체교섭권 및 단체행동권을 가진다.
③ 법률이 정하는 주요방위산업체에 종사하는 근로자의 단체행동권은 법률이 정하는 바에 의하여 이를 제한하거나 인정하지 아니할 수 있다.

제34조 ① 모든 국민은 인간다운 생활을 할 권리를 가진다.
② 국가는 사회보장·사회복지의 증진에 노력할 의무를 진다.
③ 국가는 여자의 복지와 권익의 향상을 위하여 노력하여야 한다.
④ 국가는 노인과 청소년의 복지향상을 위한 정책을 실시

할 의무를 진다.

⑤ 신체장애자 및 질병·노령 기타의 사유로 생활능력이 없는 국민은 법률이 정하는 바에 의하여 국가의 보호를 받는다.

⑥ 국가는 재해를 예방하고 그 위험으로부터 국민을 보호하기 위하여 노력하여야 한다.

제35조 ① 모든 국민은 건강하고 쾌적한 환경에서 생활할 권리를 가지며, 국가와 국민은 환경보전을 위하여 노력하여야 한다.

② 환경권의 내용과 행사에 관하여는 법률로 정한다.

③ 국가는 주택개발정책등을 통하여 모든 국민이 쾌적한 주거생활을 할 수 있도록 노력하여야 한다.

제36조 ① 혼인과 가족생활은 개인의 존엄과 양성의 평등을 기초로 성립되고 유지되어야 하며, 국가는 이를 보장한다

② 국가는 모성의 보호를 위하여 노력하여야 한다.

③ 모든 국민은 보건에 관하여 국가의 보호를 받는다.

제37조 ① 국민의 자유와 권리는 헌법에 열거되지 아니한 이유로 경시되지 아니한다.

② 국민의 모든 자유와 권리는 국가안전보장·질서유지 또는 공공복리를 위하여 필요한 경우에 한하여 법률로써 제한할 수 있으며, 제한하는 경우에도 자유와 권리의 본질적인 내용을 침해할 수 없다.

제38조 모든 국민은 법률이 정하는 바에 의하여 납세의 의무를 진다.

제39조 ① 모든 국민은 법률이 정하는 바에 의하여 국방의 의무를 진다.

② 누구든지 병역의무의 이행으로 인하여 불이익한 처우를 받지 아니한다.

제3장 국회

제40조 입법권은 국회에 속한다.

제41조 ① 국회는 국민의 보통·평등·직접·비밀선거에 의하여 선출된 국회의원으로 구성한다.

② 국회의원의 수는 법률로 정하되, 200인 이상으로 한다.

③ 국회의원의 선거구와 비례대표제 기타 선거에 관한

사항은 법률로 정한다.

제42조 국회의원의 임기는 4년으로 한다.

제43조 국회의원은 법률이 정하는 직을 겸할 수 없다.

제44조 ① 국회의원은 현행범인인 경우를 제외하고는 회기 중 국회의 동의없이 체포 또는 구금되지 아니한다.

② 국회의원이 회기 전에 체포 또는 구금된 때에는 현행범인이 아닌 한 국회의 요구가 있으면 회기 중 석방된다.

제45조 국회의원은 국회에서 직무상 행한 발언과 표결에 관하여 국회 외에서 책임을 지지 아니한다.

제46조 ① 국회의원은 청렴의 의무가 있다.

② 국회의원은 국가이익을 우선하여 양심에 따라 직무를 행한다.

③ 국회의원은 그 지위를 남용하여 국가·공공단체 또는 기업체와의 계약이나 그 처분에 의하여 재산상의 권리·이익 또는 직위를 취득하거나 타인을 위하여 그 취득을 알선할 수 없다.

제47조 ① 국회의 정기회는 법률이 정하는 바에 의하여 매년 1회 집회되며, 국회의 임시회는 대통령 또는 국회 재적의원 4분의 1 이상의 요구에 의하여 집회된다.

② 정기회의 회기는 100일을, 임시회의 회기는 30일을 초과할 수 없다.

③ 대통령이 임시회의 집회를 요구할 때에는 기간과 집회요구의 이유를 명시하여야 한다.

제48조 국회는 의장 1인과 부의장 2인을 선출한다.

제49조 국회는 헌법 또는 법률에 특별한 규정이 없는 한 재적의원 과반수의 출석과 출석의원 과반수의 찬성으로 의결한다. 가부동수인 때에는 부결된 것으로 본다.

제50조 ① 국회의 회의는 공개한다. 다만, 출석의원 과반수의 찬성이 있거나 의장이 국가의 안전보장을 위하여 필요하다고 인정할 때에는 공개하지 아니할 수 있다.

② 공개하지 아니한 회의내용의 공표에 관하여는 법률이 정하는 바에 의한다.

제51조 국회에 제출된 법률안 기타의 의안은 회기 중에 의결되지 못한 이유로 폐기되지 아니한다. 다만, 국회의원의 임기가 만료된 때에는 그러하지 아니하다.

제52조 국회의원과 정부는 법률안을 제출할 수 있다.

제53조 ① 국회에서 의결된 법률안은 정부에 이송되어 15일 이내에 대통령이 공포한다.
② 법률안에 이의가 있을 때에는 대통령은 제1항의 기간내에 이의서를 붙여 국회로 환부하고, 그 재의를 요구할 수 있다. 국회의 폐회 중에도 또한 같다.
③ 대통령은 법률안의 일부에 대하여 또는 법률안을 수정하여 재의를 요구할 수 없다.
④ 재의의 요구가 있을 때에는 국회는 재의에 붙이고, 재적의원 과반수의 출석과 출석의원 3분의 2 이상의 찬성으로 전과 같은 의결을 하면 그 법률안은 법률로서 확정된다.
⑤ 대통령이 제1항의 기간 내에 공포나 재의의 요구를 하지 아니한 때에도 그 법률안은 법률로서 확정된다.
⑥ 대통령은 제4항과 제5항의 규정에 의하여 확정된 법률을 지체없이 공포하여야 한다. 제5항에 의하여 법률이 확정된 후 또는 제4항에 의한 확정법률이 정부에 이송된 후 5일 이내에 대통령이 공포하지 아니할 때에는 국회의장이 이를 공포한다.
⑦ 법률은 특별한 규정이 없는 한 공포한 날로부터 20일을 경과함으로써 효력을 발생한다.

제54조 ① 국회는 국가의 예산안을 심의·확정한다.
② 정부는 회계연도마다 예산안을 편성하여 회계연도 개시 90일 전까지 국회에 제출하고, 국회는 회계연도 개시 30일 전까지 이를 의결하여야 한다.
③ 새로운 회계연도가 개시될 때까지 예산안이 의결되지 못한 때에는 정부는 국회에서 예산안이 의결될 때까지 다음의 목적을 위한 경비는 전년도 예산에 준하여 집행할 수 있다.
1. 헌법이나 법률에 의하여 설치된 기관 또는 시설의 유지·운영
2. 법률상 지출의무의 이행
3. 이미 예산으로 승인된 사업의 계속

제55조 ① 한 회계연도를 넘어 계속하여 지출할 필요가 있을 때에는 정부는 연한을 정하여 계속비로서 국회의 의결을 얻어야 한다.
② 예비비는 총액으로 국회의 의결을 얻어야 한다. 예비비의 지출은 차기국회의 승인을 얻어야 한다.

제56조 정부는 예산에 변경을 가할 필요가 있을 때에는 추가경정예산안을 편성하여 국회에 제출할 수 있다.

제57조 국회는 정부의 동의 없이 정부가 제출한 지출예산 각항의 금액을 증가하거나 새 비목을 설치할 수 없다.

제58조 국채를 모집하거나 예산 외에 국가의 부담이 될 계약을 체결하려 할 때에는 정부는 미리 국회의 의결을 얻어야 한다.

제59조 조세의 종목과 세율은 법률로 정한다.

제60조 ① 국회는 상호원조 또는 안전보장에 관한 조약, 중요한 국제조직에 관한 조약, 우호통상항해조약, 주권의 제약에 관한 조약, 강화조약, 국가나 국민에게 중대한 재정적 부담을 지우는 조약 또는 입법사항에 관한 조약의 체결·비준에 대한 동의권을 가진다.
② 국회는 선전포고, 국군의 외국에의 파견 또는 외국군대의 대한민국 영역 안에서의 주류에 대한 동의권을 가진다.

제61조 ① 국회는 국정을 감사하거나 특정한 국정사안에 대하여 조사할 수 있으며, 이에 필요한 서류의 제출 또는 증인의 출석과 증언이나 의견의 진술을 요구할 수 있다.
② 국정감사 및 조사에 관한 절차 기타 필요한 사항은 법률로 정한다.

제62조 ① 국무총리·국무위원 또는 정부위원은 국회나 그 위원회에 출석하여 국정처리상황을 보고하거나 의견을 진술하고 질문에 응답할 수 있다.
② 국회나 그 위원회의 요구가 있을 때에는 국무총리·국무위원 또는 정부위원은 출석·답변하여야 하며, 국무총리 또는 국무위원이 출석요구를 받은 때에는 국무위원 또는 정부위원으로 하여금 출석·답변하게 할 수 있다.

제63조 ① 국회는 국무총리 또는 국무위원의 해임을 대통령에게 건의할 수 있다.
② 제1항의 해임건의는 국회재적의원 3분의 1 이상의 발의에 의하여 국회재적의원 과반수의 찬성이 있어야 한다.

제64조 ① 국회는 법률에 저촉되지 아니하는 범위 안에서 의사와 내부규율에 관한 규칙을 제정할 수 있다.
② 국회는 의원의 자격을 심사하며, 의원을 징계할 수 있다.
③ 의원을 제명하려면 국회재적의원 3분의 2 이상의

찬성이 있어야 한다.

④ 제2항과 제3항의 처분에 대하여는 법원에 제소할 수 없다.

제65조 ① 대통령·국무총리·국무위원·행정각부의 장·헌법재판소 재판관·법관·중앙선거관리위원회 위원·감사원장·감사위원 기타 법률이 정한 공무원이 그 직무집행에 있어서 헌법이나 법률을 위배한 때에는 국회는 탄핵의 소추를 의결할 수 있다.

② 제1항의 탄핵소추는 국회재적의원 3분의 1 이상의 발의가 있어야 하며, 그 의결은 국회재적의원 과반수의 찬성이 있어야 한다. 다만, 대통령에 대한 탄핵소추는 국회재적의원 과반수의 발의와 국회재적의원 3분의 2 이상의 찬성이 있어야 한다.

③ 탄핵소추의 의결을 받은 자는 탄핵심판이 있을 때까지 그 권한행사가 정지된다.

④ 탄핵결정은 공직으로부터 파면함에 그친다. 그러나, 이에 의하여 민사상이나 형사상의 책임이 면제되지는 아니한다.

제4장 정부

제1절 대통령

제66조 ① 대통령은 국가의 원수이며, 외국에 대하여 국가를 대표한다.

② 대통령은 국가의 독립·영토의 보전·국가의 계속성과 헌법을 수호할 책무를 진다.

③ 대통령은 조국의 평화적 통일을 위한 성실한 의무를 진다.

④ 행정권은 대통령을 수반으로 하는 정부에 속한다.

제67조 ① 대통령은 국민의 보통·평등·직접·비밀선거에 의하여 선출한다.

② 제1항의 선거에 있어서 최고득표자가 2인 이상인 때에는 국회의 재적의원 과반수가 출석한 공개회의에서 다수표를 얻은 자를 당선자로 한다.

③ 대통령후보자가 1인일 때에는 그 득표수가 선거권자 총수의 3분의 1 이상이 아니면 대통령으로 당선될 수 없다.

④ 대통령으로 선거될 수 있는 자는 국회의원의 피선거권이 있고 선거일 현재 40세에 달하여야 한다.

⑤ 대통령의 선거에 관한 사항은 법률로 정한다.

제68조 ① 대통령의 임기가 만료되는 때에는 임기만료 70일 내지 40일 전에 후임자를 선거한다.

② 대통령이 궐위된 때 또는 대통령 당선자가 사망하거나 판결 기타의 사유로 그 자격을 상실한 때에는 60일 이내에 후임자를 선거한다.

제69조 대통령은 취임에 즈음하여 다음의 선서를 한다. "나는 헌법을 준수하고 국가를 보위하며 조국의 평화적 통일과 국민의 자유와 복리의 증진 및 민족문화의 창달에 노력하여 대통령으로서의 직책을 성실히 수행할 것을 국민 앞에 엄숙히 선서합니다."

제70조 대통령의 임기는 5년으로 하며, 중임할 수 없다.

제71조 대통령이 궐위되거나 사고로 인하여 직무를 수행할 수 없을 때에는 국무총리, 법률이 정한 국무위원의 순서로 그 권한을 대행한다.

제72조 대통령은 필요하다고 인정할 때에는 외교·국방·통일 기타 국가안위에 관한 중요정책을 국민투표에 붙일 수 있다.

제73조 대통령은 조약을 체결·비준하고, 외교사절을 신임·접수 또는 파견하며, 선전포고와 강화를 한다.

제74조 ① 대통령은 헌법과 법률이 정하는 바에 의하여 국군을 통수한다.

② 국군의 조직과 편성은 법률로 정한다.

제75조 대통령은 법률에서 구체적으로 범위를 정하여 위임받은 사항과 법률을 집행하기 위하여 필요한 사항에 관하여 대통령령을 발할 수 있다.

제76조 ① 대통령은 내우·외환·천재·지변 또는 중대한 재정·경제상의 위기에 있어서 국가의 안전보장 또는 공공의 안녕질서를 유지하기 위하여 긴급한 조치가 필요하고 국회의 집회를 기다릴 여유가 없을 때에 한하여 최소한으로 필요한 재정·경제상의 처분을 하거나 이에 관하여 법률의 효력을 가지는 명령을 발할 수 있다.

② 대통령은 국가의 안위에 관계되는 중대한 교전상태에 있어서 국가를 보위하기 위하여 긴급한 조치가 필요하고 국회의 집회가 불가능한 때에 한하여 법률의 효력을 가지는 명령을 발할 수 있다.

③ 대통령은 제1항과 제2항의 처분 또는 명령을 한 때에는 지체없이 국회에 보고하여 그 승인을 얻어야 한다.

④ 제3항의 승인을 얻지 못한 때에는 그 처분 또는 명령은 그때부터 효력을 상실한다. 이 경우 그 명령에 의하여 개정 또는 폐지되었던 법률은 그 명령이 승인을 얻지 못한 때부터 당연히 효력을 회복한다.

⑤ 대통령은 제3항과 제4항의 사유를 지체없이 공포하여야 한다.

제77조 ① 대통령은 전시·사변 또는 이에 준하는 국가비상사태에 있어서 병력으로써 군사상의 필요에 응하거나 공공의 안녕질서를 유지할 필요가 있을 때에는 법률이 정하는 바에 의하여 계엄을 선포할 수 있다.

② 계엄은 비상계엄과 경비계엄으로 한다.

③ 비상계엄이 선포된 때에는 법률이 정하는 바에 의하여 영장제도, 언론·출판·집회·결사의 자유, 정부나 법원의 권한에 관하여 특별한 조치를 할 수 있다.

④ 계엄을 선포한 때에는 대통령은 지체없이 국회에 통고하여야 한다.

⑤ 국회가 재적의원 과반수의 찬성으로 계엄의 해제를 요구한 때에는 대통령은 이를 해제하여야 한다.

제78조 대통령은 헌법과 법률이 정하는 바에 의하여 공무원을 임면한다.

제79조 ① 대통령은 법률이 정하는 바에 의하여 사면·감형 또는 복권을 명할 수 있다.

② 일반사면을 명하려면 국회의 동의를 얻어야 한다.

③ 사면·감형 및 복권에 관한 사항은 법률로 정한다.

제80조 대통령은 법률이 정하는 바에 의하여 훈장 기타의 영전을 수여한다.

제81조 대통령은 국회에 출석하여 발언하거나 서한으로 의견을 표시할 수 있다.

제82조 대통령의 국법상 행위는 문서로써 하며, 이 문서에는 국무총리와 관계 국무위원이 부서한다. 군사에 관한 것도 또한 같다.

제83조 대통령은 국무총리·국무위원·행정각부의 장 기타 법률이 정하는 공사의 직을 겸할 수 없다.

제84조 대통령은 내란 또는 외환의 죄를 범한 경우를 제외하고는 재직 중 형사상의 소추를 받지 아니한다.

제85조 전직대통령의 신분과 예우에 관하여는 법률로 정한다.

제2절 행정부

제1관 국무총리와 국무위원

제86조 ① 국무총리는 국회의 동의를 얻어 대통령이 임명한다.

② 국무총리는 대통령을 보좌하며, 행정에 관하여 대통령의 명을 받아 행정각부를 통할한다.

③ 군인은 현역을 면한 후가 아니면 국무총리로 임명될 수 없다.

제87조 ① 국무위원은 국무총리의 제청으로 대통령이 임명한다.

② 국무위원은 국정에 관하여 대통령을 보좌하며, 국무회의의 구성원으로서 국정을 심의한다.

③ 국무총리는 국무위원의 해임을 대통령에게 건의할 수 있다.

④ 군인은 현역을 면한 후가 아니면 국무위원으로 임명될 수 없다.

제2관 국무회의

제88조 ① 국무회의는 정부의 권한에 속하는 중요한 정책을 심의한다.

② 국무회의는 대통령·국무총리와 15인 이상 30인 이하의 국무위원으로 구성한다.

③ 대통령은 국무회의의 의장이 되고, 국무총리는 부의장이 된다.

제89조 다음 사항은 국무회의의 심의를 거쳐야 한다.

1. 국정의 기본계획과 정부의 일반정책
2. 선전·강화 기타 중요한 대외정책
3. 헌법개정안·국민투표안·조약안·법률안 및 대통령령안
4. 예산안·결산·국유재산처분의 기본계획·국가의 부담이 될 계약 기타 재정에 관한 중요사항
5. 대통령의 긴급명령·긴급재정경제처분 및 명령 또는 계엄과 그 해제
6. 군사에 관한 중요사항
7. 국회의 임시회 집회의 요구
8. 영전수여
9. 사면·감형과 복권
10. 행정각부간의 권한의 획정
11. 정부 안의 권한의 위임 또는 배정에 관한 기본계획
12. 국정처리상황의 평가·분석
13. 행정각부의 중요한 정책의 수립과 조정
14. 정당해산의 제소
15. 정부에 제출 또는 회부된 정부의 정책에 관계되는

청원의 심사

16. 검찰총장·합동참모의장·각군참모총장·국립대학교
총장·대사 기타 법률이 정한 공무원과 국영기업체관
리자의 임명

17. 기타 대통령·국무총리 또는 국무위원이 제출한 사항

제90조 ① 국정의 중요한 사항에 관한 대통령의 자문에
응하기 위하여 국가원로로 구성되는 국가원로자문회
의를 둘 수 있다.
② 국가원로자문회의의 의장은 직전대통령이 된다. 다
만, 직전대통령이 없을 때에는 대통령이 지명한다.
③ 국가원로자문회의의 조직·직무범위 기타 필요한
사항은 법률로 정한다.

제91조 ① 국가안전보장에 관련되는 대외정책·군사정
책과 국내정책의 수립에 관하여 국무회의의 심의에 앞
서 대통령의 자문에 응하기 위하여 국가안전보장회의
를 둔다.
② 국가안전보장회의는 대통령이 주재한다.
③ 국가안전보장회의의 조직·직무범위 기타 필요한
사항은 법률로 정한다.

제92조 ① 평화통일정책의 수립에 관한 대통령의 자문에
응하기 위하여 민주평화통일자문회의를 둘 수 있다.
② 민주평화통일자문회의의 조직·직무범위 기타 필요한
사항은 법률로 정한다.

제93조 ① 국민경제의 발전을 위한 중요정책의 수립에
관하여 대통령의 자문에 응하기 위하여 국민경제자문
회의를 둘 수 있다.
② 국민경제자문회의의 조직·직무범위 기타 필요한
사항은 법률로 정한다.

제3관 행정각부
제94조 행정각부의 장은 국무위원 중에서 국무총리의
제청으로 대통령이 임명한다.

제95조 국무총리 또는 행정각부의 장은 소관사무에 관
하여 법률이나 대통령령의 위임 또는 직권으로 총리령
또는 부령을 발할 수 있다.

제96조 행정각부의 설치·조직과 직무범위는 법률로 정
한다.

제4관 감사원
제97조 국가의 세입·세출의 결산, 국가 및 법률이 정한
단체의 회계검사와 행정기관 및 공무원의 직무에 관한
감찰을 하기 위하여 대통령 소속하에 감사원을 둔다.

제98조 ① 감사원은 원장을 포함한 5인 이상 11인 이하의
감사위원으로 구성한다.
② 원장은 국회의 동의를 얻어 대통령이 임명하고, 그
임기는 4년으로 하며, 1차에 한하여 중임할 수 있다.
③ 감사위원은 원장의 제청으로 대통령이 임명하고, 그
임기는 4년으로 하며, 1차에 한하여 중임할 수 있다.

제99조 감사원은 세입·세출의 결산을 매년 검사하여 대
통령과 차년도국회에 그 결과를 보고하여야 한다.

제100조 감사원의 조직·직무범위·감사위원의 자격·감사
대상공무원의 범위 기타 필요한 사항은 법률로 정한다.

제5장 법원

제101조 ① 사법권은 법관으로 구성된 법원에 속한다.
② 법원은 최고법원인 대법원과 각급법원으로 조직된다.
③ 법관의 자격은 법률로 정한다.

제102조 ①대법원에 부를 둘 수 있다.
② 대법원에 대법관을 둔다. 다만, 법률이 정하는 바에
의하여 대법관이 아닌 법관을 둘 수 있다.
③ 대법원과 각급법원의 조직은 법률로 정한다.

제103조 법관은 헌법과 법률에 의하여 그 양심에 따라
독립하여 심판한다.

제104조 ① 대법원장은 국회의 동의를 얻어 대통령이
임명한다.
② 대법관은 대법원장의 제청으로 국회의 동의를 얻어
대통령이 임명한다.
③ 대법원장과 대법관이 아닌 법관은 대법관회의의 동
의를 얻어 대법원장이 임명한다.

제105조 ① 대법원장의 임기는 6년으로 하며, 중임할 수
없다.
② 대법관의 임기는 6년으로 하며, 법률이 정하는 바에
의하여 연임할 수 있다.

③ 대법원장과 대법관이 아닌 법관의 임기는 10년으로 하며, 법률이 정하는 바에 의하여 연임할 수 있다.
④ 법관의 정년은 법률로 정한다.

제106조 ① 법관은 탄핵 또는 금고 이상의 형의 선고에 의하지 아니하고는 파면되지 아니하며, 징계처분에 의하지 아니하고는 정직·감봉 기타 불리한 처분을 받지 아니한다.
② 법관이 중대한 심신상의 장해로 직무를 수행할 수 없을 때에는 법률이 정하는 바에 의하여 퇴직하게 할 수 있다.

제107조 ① 법률이 헌법에 위반되는 여부가 재판의 전제가 된 경우에는 법원은 헌법재판소에 제청하여 그 심판에 의하여 재판한다.
② 명령·규칙 또는 처분이 헌법이나 법률에 위반되는 여부가 재판의 전제가 된 경우에는 대법원은 이를 최종적으로 심사할 권한을 가진다.
③ 재판의 전심절차로서 행정심판을 할 수 있다. 행정심판의 절차는 법률로 정하되, 사법절차가 준용되어야 한다.

제108조 대법원은 법률에 저촉되지 아니하는 범위안에서 소송에 관한 절차, 법원의 내부규율과 사무처리에 관한 규칙을 제정할 수 있다.

제109조 재판의 심리와 판결은 공개한다. 다만, 심리는 국가의 안전보장 또는 안녕질서를 방해하거나 선량한 풍속을 해할 염려가 있을 때에는 법원의 결정으로 공개하지 아니할 수 있다.

제110조 ① 군사재판을 관할하기 위하여 특별법원으로서 군사법원을 둘 수 있다.
② 군사법원의 상고심은 대법원에서 관할한다.
③ 군사법원의 조직·권한 및 재판관의 자격은 법률로 정한다.
④ 비상계엄하의 군사재판은 군인·군무원의 범죄나 군사에 관한 간첩죄의 경우와 초병·초소·유독음식물 공급·포로에 관한 죄 중 법률이 정한 경우에 한하여 단심으로 할 수 있다. 다만, 사형을 선고한 경우에는 그러하지 아니하다.

제6장 헌법재판소

제111조 ①헌법재판소는 다음 사항을 관장한다.
1. 법원의 제청에 의한 법률의 위헌여부 심판
2. 탄핵의 심판
3. 정당의 해산 심판
4. 국가기관 상호간, 국가기관과 지방자치단체간 및 지방자치단체 상호간의 권한쟁의에 관한 심판
5. 법률이 정하는 헌법소원에 관한 심판
② 헌법재판소는 법관의 자격을 가진 9인의 재판관으로 구성하며, 재판관은 대통령이 임명한다.
③ 제2항의 재판관중 3인은 국회에서 선출하는 자를, 3인은 대법원장이 지명하는 자를 임명한다.
④ 헌법재판소의 장은 국회의 동의를 얻어 재판관중에서 대통령이 임명한다.

제112조 ① 헌법재판소 재판관의 임기는 6년으로 하며, 법률이 정하는 바에 의하여 연임할 수 있다.
② 헌법재판소 재판관은 정당에 가입하거나 정치에 관여할 수 없다.
③ 헌법재판소 재판관은 탄핵 또는 금고 이상의 형의 선고에 의하지 아니하고는 파면되지 아니한다.

제113조 ① 헌법재판소에서 법률의 위헌결정, 탄핵의 결정, 정당해산의 결정 또는 헌법소원에 관한 인용결정을 할 때에는 재판관 6인 이상의 찬성이 있어야 한다.
② 헌법재판소는 법률에 저촉되지 아니하는 범위 안에서 심판에 관한 절차, 내부규율과 사무처리에 관한 규칙을 제정할 수 있다.
③ 헌법재판소의 조직과 운영 기타 필요한 사항은 법률로 정한다.

제7장 선거관리

제114조 ① 선거와 국민투표의 공정한 관리 및 정당에 관한 사무를 처리하기 위하여 선거관리위원회를 둔다.
② 중앙선거관리위원회는 대통령이 임명하는 3인, 국회에서 선출하는 3인과 대법원장이 지명하는 3인의 위원으로 구성한다. 위원장은 위원중에서 호선한다.
③ 위원의 임기는 6년으로 한다.
④ 위원은 정당에 가입하거나 정치에 관여할 수 없다.
⑤ 위원은 탄핵 또는 금고 이상의 형의 선고에 의하지 아니하고는 파면되지 아니한다.

⑥ 중앙선거관리위원회는 법령의 범위 안에서 선거관리·국민투표관리 또는 정당사무에 관한 규칙을 제정할 수 있으며, 법률에 저촉되지 아니하는 범위 안에서 내부규율에 관한 규칙을 제정할 수 있다.
⑦ 각급 선거관리위원회의 조직·직무범위 기타 필요한 사항은 법률로 정한다.

제115조 ① 각급 선거관리위원회는 선거인명부의 작성 등 선거사무와 국민투표사무에 관하여 관계 행정기관에 필요한 지시를 할 수 있다.
② 제1항의 지시를 받은 당해 행정기관은 이에 응하여야 한다.

제116조 ① 선거운동은 각급 선거관리위원회의 관리하에 법률이 정하는 범위 안에서 하되, 균등한 기회가 보장되어야 한다.
② 선거에 관한 경비는 법률이 정하는 경우를 제외하고는 정당 또는 후보자에게 부담시킬 수 없다.

제8장 지방자치

제117조 ① 지방자치단체는 주민의 복리에 관한 사무를 처리하고 재산을 관리하며, 법령의 범위 안에서 자치에 관한 규정을 제정할 수 있다.
② 지방자치단체의 종류는 법률로 정한다.

제118조 ① 지방자치단체에 의회를 둔다.
② 지방의회의 조직·권한·의원선거와 지방자치단체의 장의 선임방법 기타 지방자치단체의 조직과 운영에 관한 사항은 법률로 정한다.

제9장 경제

제119조 ① 대한민국의 경제질서는 개인과 기업의 경제상의 자유와 창의를 존중함을 기본으로 한다.
② 국가는 균형있는 국민경제의 성장 및 안정과 적정한 소득의 분배를 유지하고, 시장의 지배와 경제력의 남용을 방지하며, 경제주체간의 조화를 통한 경제의 민주화를 위하여 경제에 관한 규제와 조정을 할 수 있다.

제120조 ① 광물 기타 중요한 지하자원·수산자원·수력과 경제상 이용할 수 있는 자연력은 법률이 정하는 바에 의하여 일정한 기간 그 채취·개발 또는 이용을 특허할 수 있다.
② 국토와 자원은 국가의 보호를 받으며, 국가는 그 균형있는 개발과 이용을 위하여 필요한 계획을 수립한다.

제121조 ① 국가는 농지에 관하여 경자유전의 원칙이 달성될 수 있도록 노력하여야 하며, 농지의 소작제도는 금지된다.
② 농업생산성의 제고와 농지의 합리적인 이용을 위하거나 불가피한 사정으로 발생하는 농지의 임대차와 위탁경영은 법률이 정하는 바에 의하여 인정된다.

제122조 국가는 국민 모두의 생산 및 생활의 기반이 되는 국토의 효율적이고 균형있는 이용·개발과 보전을 위하여 법률이 정하는 바에 의하여 그에 관한 필요한 제한과 의무를 과할 수 있다.

제123조 ① 국가는 농업 및 어업을 보호·육성하기 위하여 농·어촌종합개발과 그 지원등 필요한 계획을 수립·시행하여야 한다.
② 국가는 지역간의 균형있는 발전을 위하여 지역경제를 육성할 의무를 진다.
③ 국가는 중소기업을 보호·육성하여야 한다.
④ 국가는 농수산물의 수급균형과 유통구조의 개선에 노력하여 가격안정을 도모함으로써 농·어민의 이익을 보호한다.
⑤ 국가는 농·어민과 중소기업의 자조조직을 육성하여야 하며, 그 자율적 활동과 발전을 보장한다.

제124조 국가는 건전한 소비행위를 계도하고 생산품의 품질향상을 촉구하기 위한 소비자보호운동을 법률이 정하는 바에 의하여 보장한다.

제125조 국가는 대외무역을 육성하며, 이를 규제·조정할 수 있다.

제126조 국방상 또는 국민경제상 긴절한 필요로 인하여 법률이 정하는 경우를 제외하고는, 사영기업을 국유 또는 공유로 이전하거나 그 경영을 통제 또는 관리할 수 없다.

제127조 ① 국가는 과학기술의 혁신과 정보 및 인력의 개발을 통하여 국민경제의 발전에 노력하여야 한다.
② 국가는 국가표준제도를 확립한다.

③ 대통령은 제1항의 목적을 달성하기 위하여 필요한 자문기구를 둘 수 있다.

제10장 헌법개정

제128조 ① 헌법개정은 국회재적의원 과반수 또는 대통령의 발의로 제안된다.

② 대통령의 임기연장 또는 중임변경을 위한 헌법개정은 그 헌법개정 제안 당시의 대통령에 대하여는 효력이 없다.

제129조 제안된 헌법개정안은 대통령이 20일 이상의 기간 이를 공고하여야 한다.

제130조 ① 국회는 헌법개정안이 공고된 날로부터 60일 이내에 의결하여야 하며, 국회의 의결은 재적의원 3분의 2 이상의 찬성을 얻어야 한다.

② 헌법개정안은 국회가 의결한 후 30일 이내에 국민투표에 붙여 국회의원선거권자 과반수의 투표와 투표자 과반수의 찬성을 얻어야 한다.

③ 헌법개정안이 제2항의 찬성을 얻은 때에는 헌법개정은 확정되며, 대통령은 즉시 이를 공포하여야 한다.

부칙〈제10호, 1987.10.29.〉
제1조 이 헌법은 1988년 2월 25일부터 시행한다. 다만, 이 헌법을 시행하기 위하여 필요한 법률의 제정·개정과 이 헌법에 의한 대통령 및 국회의원의 선거 기타 이 헌법시행에 관한 준비는 이 헌법시행 전에 할 수 있다.

제2조 ① 이 헌법에 의한 최초의 대통령선거는 이 헌법시행일 40일 전까지 실시한다.

② 이 헌법에 의한 최초의 대통령의 임기는 이 헌법시행일로부터 개시한다.

제3조 ① 이 헌법에 의한 최초의 국회의원선거는 이 헌법공포일로부터 6월 이내에 실시하며, 이 헌법에 의하여 선출된 최초의 국회의원의 임기는 국회의원선거후 이 헌법에 의한 국회의 최초의 집회일로부터 개시한다.

② 이 헌법공포 당시의 국회의원의 임기는 제1항에 의한 국회의 최초의 집회일 전일까지로 한다.

제4조 ① 이 헌법시행 당시의 공무원과 정부가 임명한 기업체의 임원은 이 헌법에 의하여 임명된 것으로 본다. 다만, 이 헌법에 의하여 선임방법이나 임명권자가 변경된 공무원과 대법원장 및 감사원장은 이 헌법에 의하여 후임자가 선임될 때까지 그 직무를 행하며, 이 경우 전임자인 공무원의 임기는 후임자가 선임되는 전일까지로 한다.

② 이 헌법시행 당시의 대법원장과 대법원판사가 아닌 법관은 제1항 단서의 규정에 불구하고 이 헌법에 의하여 임명된 것으로 본다.

③ 이 헌법중 공무원의 임기 또는 중임제한에 관한 규정은 이 헌법에 의하여 그 공무원이 최초로 선출 또는 임명된 때로부터 적용한다.

제5조 이 헌법시행 당시의 법령과 조약은 이 헌법에 위배되지 아니하는 한 그 효력을 지속한다.

제6조 이 헌법시행 당시에 이 헌법에 의하여 새로 설치될 기관의 권한에 속하는 직무를 행하고 있는 기관은 이 헌법에 의하여 새로운 기관이 설치될 때까지 존속하며 그 직무를 행한다.

Index

판례색인

MEMO

MEMO

MEMO

MEMO